U0517787

CCIEE

智库学者文库

中国建筑
节能政策研究

陈 妍 著

中国社会科学出版社

图书在版编目(CIP)数据

中国建筑节能政策研究／陈妍著.—北京：中国社会科学出版社，
2017.9

ISBN 978-7-5161-8293-2

Ⅰ.①中… Ⅱ.①陈… Ⅲ.①建筑-节能-经济政策-研究-
中国 Ⅳ.①F426.9

中国版本图书馆 CIP 数据核字(2016)第 124053 号

出 版 人	赵剑英
责任编辑	许　琳
责任校对	鲁　明
责任印制	李寡寡

出　　版	中国社会科学出版社
社　　址	北京鼓楼西大街甲 158 号
邮　　编	100720
网　　址	http://www.csspw.cn
发 行 部	010-84083685
门 市 部	010-84029450
经　　销	新华书店及其他书店

印刷装订	北京市兴怀印刷厂
版　　次	2017 年 9 月第 1 版
印　　次	2017 年 9 月第 1 次印刷

开　　本	710×1000　1/16
印　　张	13.25
插　　页	2
字　　数	205 千字
定　　价	56.00 元

凡购买中国社会科学出版社图书，如有质量问题请与本社营销中心联系调换
电话：010-84083683

版权所有　侵权必究

摘　　要

　　从全球范围看，建筑与工业、交通是三大高耗能产业，依据发达国家经验，我国未来建筑能耗将超过工业能耗。由于节能建筑比普通建筑成本要高，因此建筑节能在很长一段时间内需要政府通过政策手段来主导其发展，但各微观经济主体才是推动建筑节能市场转型的决定性力量。

　　我国正处在加快经济发展方式转变和城镇化水平迅速提高的阶段，建筑能耗将大幅提高，但我国节能潜力很大，建筑节能对于我国的低碳转型十分重要，对于政策的需求也十分紧迫。

　　房地产开发企业和消费者作为建筑节能领域最有代表性的微观经济主体，均有强烈的政策需求，要实现建筑节能的社会目标，就必须通过政策设计充分调动微观经济主体的主动性。我国经济社会发展战略已经预告了建筑节能未来的获利机会，在一定程度上改变着开发企业和消费者的预期，而正外部性、信息不对称和体制政策障碍等问题的存在，是微观主体需求建筑节能政策的本质原因。

　　"十一五"时期，我国建筑节能工作取得了很大进展，但仍存在诸多障碍。建筑节能改变了各主体间的利益平衡，利益受损的一方未得到合理补偿，自然就成为建筑节能的阻碍力量。当利益平衡被改变，原有的政策均衡已经不能实现个体利益的最大化。对新政策的需求就会产生，因此，障碍只是建筑节能问题的表象，利益冲突才是问题的本质。

　　政策缺失和政策执行不力等政策非均衡因素导致建筑节能发展的障碍。其中，政策缺失的根源在于：我国市场经济体系不完善，以税收和贷款为主要形式的经济激励政策面临约束；独立的第三方评价机构和自愿性协议类政策工具需要以完善的社会信用体系为基础，我国目前还不具备这一条件。政策执行不力的原因包括：法律缺乏强制力、监测机制不完善、地方政府执行不足等体制机制问题。这些问题要在我国经济体制和政治体制改革不断推进的过程中，逐步得到解决。

我国建筑节能政策设计应遵循政策需求与供给均衡、统筹兼顾各主体利益、成本收益有效和政策系统总体协调四个原则，这四个原则可用于指导新建建筑节能政策设计和既有建筑节能改造政策设计。我国建筑节能工作总目标，是在满足相同的室内环境舒适性要求的前提下，以最低成本降低单位面积的建筑物终端能耗。以此为目标进行政策工具选择和实施机制的安排。另外，建筑节能政策不能孤立存在并发挥作用，能源价格改革、节能服务体系、能效标识体系、建筑能耗统计系统是建筑节能支持体系，其快速发展可极大提高建筑节能政策实施效果。

我国新建建筑节能市场有两个发展方向：一是通过强制性节能标准让所有新建建筑都达到最低能耗要求，在此基础上鼓励开发更高节能水平的普通建筑；二是走高端节能建筑路线。第二个发展方向与政府设定的政策目标不一致，政府的初衷是鼓励通过采用简单技术、低成本的方式实现建筑节能，而不是走只有少数人才能消费得起的建筑节能之路。

我国新建建筑节能市场尚未形成的原因是节能建筑在经济效益、环境效益、社会效益方面所具有的优势还不能轻松地转化为市场动力，无法激发开发企业、材料供应企业、消费者参与的积极性。

建筑节能产业链上的各主体有着紧密的利益联结，通过影响他们之间的互动关系，找到政策设计的切入点，可取得好的政策效果。新建建筑节能政策设计应以利益相关主体个人目标与社会目标的差异为切入点。新建建筑节能的社会目标是以低成本实现单位面积建筑物终端能耗降低。要实现这一目标需要做两个方面的努力，首先要保证所有新建建筑物都符合国家强制性节能标准（节能50%或65%），其次要给提供和购买更高能效水平（节能高于65%）、较低增量成本建筑的微观经济主体鼓励，以帮助其实现市场转型。这样的目标和努力符合社会大多数人的利益。

新建建筑节能政策设计的主要内容包括：

（1）继续加强强制性节能标准的执行监管。坚持对新建建筑节能标准执行情况进行专项检查，检查范围应由特大城市和大城市扩大到中小城市；坚持要把节能性能作为建筑质量验收最重要的指标之一。

（2）"十二五"期间加强对建筑节能经济激励性政策的试点工作。建立针对开发企业、建设单位、消费者的税收优惠、贷款优惠政策，并完善建筑节能专项资金和政府采购制度。

（3）完善建筑节能产业链。逐步建立建筑节能材料、建筑节能技术国家标准。国家建设主管部门、节能主管部门、科技部门会同标准制定机构分步骤制定建筑节能材料和技术相关标准。首先对主流技术和重点技术制定统一的能效标准；对市场出现的新的集成设备或技术的研发、应用和推广提供政策引导，出台指导性的技术政策。

（4）将住宅产业化作为国家建筑节能工作的中长期目标。住宅产业化是发展节能建筑的重要路径，只有从根本上改变建筑"制造"方式的随意性，才能最终实现建筑节能和绿色的目标。先从试点城市开始，加强住宅产业化联盟，政府给予优惠政策，鼓励有实力、有住宅产业化实践的开发企业先行试点。

既有建筑节能改造面临的最大障碍是体制障碍。供热计量推行最大的阻力来自于供热企业，供热企业短期利益因供热计量改革而受损，才是计量收费推进困难的根本原因。

费用分摊原则是改造能否达到预期政策目标的关键。唐山项目为今后的工程提供了可借鉴的模式，其中坚持要受益用户承担部分费用，与产品企业合作来筹措部分资金的做法都为后来者提供了可选择的方式。在住房私有化情况下，投融资机制是我国能否规模化开展既有建筑综合节能改造的关键。在该项目中，住户既是住房的所有者，又是节能改造的受益者，应该出资参与改造。唐山项目在制定融资政策时就确定合并居民要为节能改造投资的总思路，但因为该项目有国际合作背景，两国政府的资助，居民的投资可以少一些，但是节能改造居民要投资作为项目的一个重要特点，为规模改造制定合适的融资政策奠定了基础。

既有建筑节能改造政策设计的主要内容：

（1）既有建筑节能改造责任主体和资金筹措渠道。在既有建筑节能改造市场还不完善的情况下，应推行以政府为主导的投融资模式。通过对节省的能源费用合理分配，鼓励社会资本进入既有建筑节能改造领域，鼓励供热企业、建筑节能材料和部品企业、供热计量产品企业、节能服务公司等既有建筑节能改造市场上重要的微观经济主体主动参与。

（2）推行按用热量计量收费。在"十二五"期间，供热计量改革的重点应是大力推行按用热量计价收费，坚持供热计量改造与按用热量计价收费同步进行。各地方政府要制定"十二五"期间供热计量收费的具体方案，颁布相关政策。将供热计量改革工作情况作为建筑节能专项检查的重点。

（3）建设大型公共建筑节能的五大保障体系。大型公共建筑节能需要在政府监管下通过价格杠杆和能耗评估来实现，具体来说需要五大系统来支持，即大型公共建筑能耗统计系统、能源审计系统、能耗限额标准、阶梯能源价格和公众监督系统。

（4）支持节能服务公司发展。尽快出台鼓励节能服务公司实施大型公共建筑节能项目的财税优惠政策和节能融资政策，并积极支持节能服务公司探索符合中国国情的大型公共建筑节能服务模式。

目　　录

第一章

导　　言

第一节　研究背景和意义

一　研究背景

气候变化已成全球性课题。中国是全球二氧化碳排放大国，也是二氧化碳排放增量最快的国家，在相当长一段时间内，中国经济持续快速增长态势不会改变。这意味着，中国将面临巨大的碳减排压力。中国在参加哥本哈根会议之前，国务院宣布中国控制温室气体排放目标：决定到 2020 年单位 GDP 碳排放要在 2005 年的基础上下降40%—45%，这标志着中国将面临着低碳的战略转型。低碳转型的途径无非是节能和发展清洁能源，而能源成本是发展清洁能源的一个关键障碍，笔者认为，现阶段中国低碳转型战略还应以节能为主，发展清洁能源为辅。

在全球范围内，建筑业已经成为与工业、交通运输业并驾齐驱的高耗能产业。美国绿色建筑委员会（U. S Green Building Council，以下简称 USGBC）的数据显示，建筑所消耗的能源占各种能源消耗总量的39%，电力消耗的 71% 来自于建筑消耗，近 40% 的二氧化碳排放、36% 的温室气体排放产生自建筑的能源消耗，12% 的水耗产生自建筑。在英国，建筑所消耗的能源占全国总商业能源消耗的 50% 左右，每年产生的二氧化碳达 3 亿吨。在欧洲，因建筑而产生的二氧化碳排放量占到45%，同时还伴随着大量的水资源使用和废水排放（UNEP，2007）。

在中国，建筑能耗逐年大幅度上升，也已经成为中国能源消耗的主要来源之一。"到 2000 年末，建筑年消耗商品能源共计 3.76 亿吨标准煤，占全社会终端能耗总量的 27.6%，而建筑用能的增加对全国的温室气体排放"贡献率"已经达到了 25%，因建筑耗能高，仅北方采暖地区每年多耗标准煤 1800 万吨，直接经济损失达 70 亿元；多排二氧化碳 52 万吨"[1][2]。

目前我国每年约新建 20 亿平方米的建筑，拉动国民经济增长约两个百分点。根据 2003 年初，国务院发展研究中心对我国综合能源状况的调研结果显示，目前我国已建房屋有超过 400 亿平方米属于高耗能建筑，新建房屋有 95% 以上是高耗能建筑，而且不合乎节能要求的类似建筑，在我国的农村和城市遍地都是。我国建筑由于保温隔热差，采暖系统效率低，导致单位面积采暖能耗是相同气候条件下世界平均值的三倍。在未来 20 年的时间里，随着城市化进程的加快，我国建筑面积将持续快速增加，节能压力会越来越大。

目前，我国建筑节能工作还存在很多问题。

首先，建筑节能各项管理制度尚不健全。《节约能源法》、《民用建筑节能管理条例》还未落实，缺乏一系列具有操作性的部门规章或规范性文件。经济政策明显不足，建筑节能工作要由政府单方面强制推进转变为政府监管与市场引导相结合推动，需要必要的财政补贴、税费优惠、贷款贴息等经济政策。中央财政 2009 年共安排专项补助资金 38.5 亿元，并要求地方政府配合支持，但很多地方政府对建筑节能的认识和支持力度仍十分有限。

其次，新建建筑执行节能标准的水平有待进一步提高。建筑节能标准的执行存在不平衡，执行建筑节能标准，施工阶段比设计阶段差，中小城市比大城市差，经济欠发达地区比经济发达地区差。另外，施工阶段执行节能强制性标准还有差距。相关从业人员对《建筑节能工程施工质量验收规范》没有准确掌握，建筑节能工程施工过程中，外墙、门窗等保温工程施工工艺不过关，存在质量隐患。各地尤其是地级以下城市普遍缺乏建筑节能材料、产品、部品的节能性能检

---

① 陶建群：《能源危机与高能耗之困》，《时代潮》2005 年第 19 期。

② 文可、关茹萍：《循环经济发展需要绿色消费》，《理论与现代化》2008 年第 2 期。

测能力。

第三，北方地区既有建筑节能改造工作任重道远。既有建筑节能改造融资渠道尚未建立，基本上依靠中央及地方财政资金推动工作的开展，供热企业、能源服务公司、金融机构、居民等对既有建筑节能改造的积极性尚未被调动起来。另外，供热计量收费制度滞后，改造收益无法充分体现。目前多数地方还没有实行供热计量收费制度，已经安装的供热计量装置存在浪费现象。

世界银行的一项研究表明，有关建筑行业的现有政策具有在80年代早期平均能效水平基础上提高50%的巨大潜力。但无论从国际经验还是中国实践来看，由于节能建筑比普通建筑成本略高，因此在很长一段时间内需要政府通过政策手段来主导其发展，但各微观经济主体才是推动建筑节能市场转型的决定性力量。从发达国家的节能经验来看，新技术和新产品在市场上的占有率会呈现出学习曲线（Learning Curve）效应，在新技术和新产品刚进入市场还不具竞争力的情况下，对微观经济主体给予适当的激励，会有助于节能建筑市场的形成。

目前，我国的情况是，包括开发企业、设计、施工、部品企业和购买者在内的微观经济主体并没有表现出对节能建筑的极大兴趣，说明现有的政策并不能保证他们获益。

本书要解决的问题是如何通过设计政策来激励微观经济主体选择节能建筑，问题的另一个表述就是政策是如何影响微观经济主体的行为选择的，对于这个问题做出合乎逻辑的解答将对目前建筑节能工作中热门的课题"构建建筑节能政策体系"提供见解，使其视野从"政策"本身扩展到受政策影响的"人"，从单一考虑"政策供给"扩展到"供给需求"对应分析。

二 研究意义

本书的理论意义在于，将从经济学视角分析中国建筑节能的发展，以利益相关者行为选择为切入点，这一点有别于现有的关于中国建筑节能的政策研究或技术研究。研究将应用新制度经济学和机制设计理论对现实中的中国建筑节能面临的问题进行经济系统的分析。

现实意义在于，建筑节能是我国节能减排、应对全球气候变化工作中不可忽视的一个环节，如果建筑节能工作能取得成效，对实现"两个约束性指标"和兑现国际承诺都有相当的帮助。大多数专家都认为建筑节能技术并不是阻碍其发展的因素，现有的技术已经可以支持民用建筑达到国家强制性节能标准。本研究将注意力放在政策研究上，是因为笔者认为政策无力是建筑节能市场迟迟不能发展的重要原因。我国的政策制定工作注重于标准和规范的制定，却忽略了政策对于微观经济主体的作用点，企业和消费者的需求往往没有在政策中得到反映，这会导致政策的效果大打折扣，政府的政策目标无法实现。本研究试图解释和解决这一问题。

第二节　相关研究进展

一　国内外建筑节能发展历程

建筑学家从 20 世纪五六十年代就开始关注建筑设计与自然环境和人类居住的关系了。1963 年，美国建筑学家维克多·奥吉亚（Victor Olgyay）的《设计结合气候——建筑地区主义的生物气象学方法》一书，详细总结了二战以后十年中建筑师结合自然、有效利用自然资源所创作的一系列作品，这是建筑师对人类聚居的研究成就。60 年代末，环境问题进一步升级，建筑学者开始重新探讨人与环境的关系，有代表性的是 1969 年美国景观规划学家麦克哈格（I. L. McHarg）的《设计结合自然》一书，他创造性地将生态学、热力学等理论引入建筑方面的研究。

70 年代的石油危机使得美国不得不重新开始太阳能等新能源的研究，并且其范围已从住宅扩大到办公建筑和其他民用建筑。

1987 年，布伦特兰（G. H. Brundland）的报告《我们共同的未来》指出了城市化问题的严重性，它已经使建筑工作者认识到：单纯的物质空间和房屋设计所考虑的范围太窄，远远不能达到人类对其生活环境的需求，此外，大量污染、人口密集使人类居住区环境不断恶化，因此必须结合经济、环境、文化等各方面的因素来研究和设计人类的生存空间，这已远远不是传统建筑学的研究所能涵盖。

进入 90 年代，各国的研究和实践又有了新进展，这阶段的研究内容大致可分为技术方面和社会方面。技术方面着重于人工环境的节能设计和无害化设计，建筑师们提出了 3R（reduce，recycle，reuse）原则，此类建筑通过各种方式节能或减小对环境的影响，因此被称为"生态建筑"、"绿色建筑"或"节能建筑"。社会方面的研究范围广泛，与经济、政治、社会等都有联系，现代科学的一些方法论的内容如老三论（系统论、信息论、控制论）及新三论（耗散结构理论、突变论、协同论）都用来研究人类居住环境。"模糊理论"、"自相似性"等数学理论也不断被引申来解释人类居住空间的发展、空间形态的发生以及文化地域的成因和过程。伦理学的理论也被用来研究时间跨度很大的代内和代际关系问题。

1998 年 10 月，在加拿大的温哥华召开了以加拿大、美国、英国等 14 个西方主要工业国共同参与的绿色建筑国际会议——"绿色建筑挑战 98"，集中展示了近年来在绿色建筑领域的研究成果。之后，各国根据自身情况制订不同的战略，促进绿色建筑的发展。这些战略措施包括制定行政法案和强制性规范、设立财政补贴、进行建筑物分级以及吸引社会投资发展绿色建筑等。从这个阶段起，建筑节能开始从技术研究进入政策研究的阶段。

我国的建筑节能工作启动，是以 1986 年颁布北方地区居住建筑节能设计标准为标志的。1996 年国家自然科学基金委员会将"绿色建筑体系研究"列为"九五"的重点资助课题，1998 年又将"可持续发展的中国人居环境研究"列为重点资助项目，为生态建筑的研究提供了有力的支持。

近年来，随着对建筑节能环保领域的认识越来越深，国家出台了一系列相关办法和规范性文件鼓励其发展。2001 年 5 月，建设部发布《绿色生态住宅小区建设要点与技术导则（试行）》，这标志着我国绿色生态住宅小区建设结束了概念时代，进入一个日趋规范、日渐科学的阶段，也是我国绿色建筑发展的一个新阶段。2001 年 9 月，由建设部科技司组织编写，建设部科技发展促进中心、中国建筑科学研究院、清华大学三家单位参与编写的《中国生态住宅技术评估手册》正式出版，这是我国第一部生态住宅评估标准，为之后绿色建筑评价标准的出台奠定了基础。2004 年 2 月，建设部制订《建筑节能试点示范工程（小区）管理办法》。同期，作为科技奥运十大项目之一的"绿色建筑标准及评估体系研究"项目通过验收，成为我国第一套建筑行业绿色标准。2004 年 8 月，建设部颁布实施《全国绿色建筑创新奖管理办法》以及实施细则，这是一份针对绿色建筑的激励政策。

二　国内外研究综述

建筑节能的绩效评估是目前理论研究的热点问题。对于评估方法的开发方面，Cooper（1999），Kohler（1999）等人做了基础性的工作，BREEAM（Building Research Establishment Environmental Assessment Method）是第一个建筑环境评价方法，而且应用最为广泛。在建筑生命周期的环境绩效评价中，Junnila 和 Horvath（2003）所做的工作是最具代表性的。

对各类政策工具的效果进行评价，也是研究的热点。美国能源经济委员会（ACEEE，American Council for an Energy-Efficient Economy）对美国《2005 能源法案》和《2005 能效法规》的评价显示，各政策工具对于能源节约的贡献分别是能效标准占 40%，税收激励占 20%，其他手段占 40%。Nadel 等人（2006）对于美国税收激励政策进行了评估，认为联邦税收激励政策是帮助节能产品和节能建筑市场形成的重要因素之一，但是如果没有其他政策工具的配合很难克服现有的市场障碍。研究认为税收激励手段需要与培训、研发和技术支持等政策共同作用才会推动节能建筑市场的形成。Koomey 等人（2001）的研究认为能效标准、自愿性项目和研发是三个最有效的政策工具，而建筑能源规范、税收抵免和激励则是辅助性政策。这一结论与近几年的研究结论基本是一致的。目前能效标准是最具影响的政策工具，但是大部分研究还是支持一系列政策工具的组合使用和策略的积极执行更利于节能目标的实现。Brooks（1990）认为能效改进是通过技术进步实现的，而技术进步提高了生产力，推动资本投资，最终增加了能源需求。这种认为能效改进方法会对能源需求产生反弹效果的观点得到了许多经济学家的认可。能源标准属于强制性政策，它是有缺陷的，包括：（1）能源使用在很大程度上是被不确定的消费者行为所决定的；（2）一致性的国家标准并不一定适合气候条件和能源价格不同的地区，而且没有考虑消费者对于能源使用服务和产品选择偏好的异质性。Melchert（2007）则从制度分析的角度研究发达国家的绿色建筑政策体系对于发展中国家是否适用，他的研究通过回顾分析发达国家目前的绿色建筑制度体系是如何建立起来的，讨论同样的制度框架对发展中国家的适用性等问题。

在我国，建筑节能研究，特别是建筑节能政策研究近几年才得到学术界和政府的关注。江亿（2009）、涂逢祥（2004）等建筑学家对于建筑节能的研究从技术领域转向政策研究方向，主张建筑节能不是技术的堆砌，最重要的是节能效果。住房与城乡建设部是建筑节能工作的行政主管部门，制定了国家大部分的建筑节能政策，其中仇保兴、武涌（2007，2009）等住建部官员做了很多建筑节能政策方面的研究，包括中国建筑节能激励政策研究、中国建筑节能管理战略研究等。刘长滨、张丽（2007）等将博弈论、多主体建模等理论与方法率先应用于建筑节能领域的主体行为分析。

综合上述分析，建筑节能政策研究已经得到国内外研究者的普遍重视，与技术研究一样，被认为是推动建筑节能持续发展的基础。目前对于建筑节能政策的研究重点是在政策效果的评价上，特别是对建筑节能标准的效果评价。而新制度经济学的研究方法和思想还很少被应用于建筑节能政策研究中，建筑节能中微观经济主体的行为研究更是少之又少，这一方向成为本书研究的重点和难点。微观经济主体的行为选择对于政策设计有决定性的影响，也应该成为评价政策有效与否的标准之一。

第三节 研究范围界定

建筑节能与绿色建筑

本书所指的"建筑节能"是"绿色建筑"中与能源利用相关的方面，是关于"绿色建筑"这一概念的一个方面。因此，在界定"建筑节能"之前，首先对"绿色建筑"进行定义。

2003 年，美国联邦环境行政办公室（Office of the Federal Environmental Executive）在一份报告①中首次使用了"绿色建筑"这一概念，随后，此概念被美国绿色建筑委员会引用，并得到推广和认可。他们认为绿色建筑是一种设计产出，这种设计关注（1）增加包括水、能源和材料在内的资源的使用效率，同时（2）减少建筑在其生命周期内对于人体健康和自然环境的影响，而这样的目标要通过选址、设计、建设、运营、维护和拆卸来实现。

我国对绿色建筑的定义以住房与城乡建设部在 2005 年颁发的《绿色建筑评价标准》中的定义最为权威：在建筑的全寿命周期内，最大限度地节约资源（节能、节地、节水、节材）、保护环境和减少污染，为人们提供健康、适用和高效的使用空间，与自然和谐共生的建筑。

上述两个概念均出自评价标准，通过其评价指标可以更清晰地反映出其对绿色建筑的定义。由于两国在第一层次的评价指标设计上并无太大分歧，因此笔者将其主要内容共同反映于表 1 中。

从表 1－1 中可以看出，"节地、节水、节能、节材"是绿色建筑的重要特征，而且绿色建筑只是针对民用建筑而言，也就是说不包括工业建筑，因为工业建筑是企业资产，其因资源节约等相关设计所产生的收益和成本均由企业承担，不具有明显的外部性，因此往往不在

---

① 报告英文名称为 *The Federal Commitment to Green Building：Experiences and Expectation*

评价和研究范围之内。民用建筑又分为居住建筑和公共建筑①两大类，民用建筑又区分新建建筑和既有建筑改造分别进行评价和研究。

表 1 - 1　　　　　　　　　绿色建筑与建筑节能

评价指标	民用建筑			
	居住建筑		公共建筑	
	新建建筑	既有建筑改造	新建建筑	既有建筑改造
节地			√	
节水	√	√	√	√
节能	√	√	√	√
节材	√	√	√	√
室内空气质量	√	√	√	√
创新设计	√	√	√	√

建筑节能是指绿色建筑中以能源利用的节约为最终目的的活动，这既包括绿色建筑中直接产生"节能"效果的活动，也包括通过其他创新性设计或改造间接达到"节能"目标的活动。我国的《民用建筑节能条例》中定义的民用建筑节能指"在保证民用建筑使用功能和室内热环境质量的前提下，降低其使用过程中能源消耗的活动"。

基于传统化石能源的建筑节能

广义的"建筑节能"应该包含两方面内容：

第一部分是通过改变建筑用能结构来实现节能，而建筑用能结构的改变是指由依靠传统化石燃料转变为依靠可再生能源。目前，可再生能源供给建筑用能通过两种方式实现，一种是可再生能源作为一次能源，全部或部分替代建筑所用的二次能源（一般为电力），降低建筑对传统能源的依赖，相当于降低建筑能耗；另外一种是可再生能源并网发电，先转化为二次能源，再供给建筑应用，同样相当于降低了建筑的传统能耗。

---

① 《民用建筑节能条例》中定义的民用建筑，是指居住建筑、国家机关办公建筑和商业、服务业、教育、卫生等其他公共建筑。

第二部分是基于传统能源而实现建筑用能的节约。具体手段包括：通过采用高能效产品或科学设计建筑用能系统，以降低建筑物内的各种用能系统或设备（采暖、空调、照明、电器、热水供应、炊事、电梯、通风等）在使用过程中的能耗；通过采用新材料，提高建筑物围护结构的功能；进行科学合理的建筑设计等。

本书将研究的重点放在"建筑节能"第二部分，即基于传统能源实现建筑用能的节约。下表体现了建筑节能涉及的范围，而打"√"部分即为本书的研究范围。

表 1 – 2　　　　　　　　　　　广义的建筑节能

建 筑 节 能				
建筑用能结构的变化		基于传统能源实现建筑用能节约		
可再生能源并网发电作为二次能源供给建筑用能	可再生能源替代传统能源作为一次能源供给建筑全部或部分用能	建筑用能系统或设备的节能	建筑围护结构节能	建筑通过设计实现节能
	新建建筑	既有建筑改造	新建建筑	既有建筑改造
			√	√

第四节　　研究思路和分析框架

本书要解决的问题是如何修订和完善我们现有的建筑节能政策体系，使之能够激发出微观经济主体参与建筑节能的积极性。

与已有研究最大的差别是本书将从"政策激励和影响主体行为选择"方向切入，分析政策制定者与微观经济主体的利益冲突与利益交集。本书的论证将说明政策不仅要约束建筑节能活动中不同利益相关者的行为，也要考虑其利益需求，利用其共同的利益相互促进，也要解决他们之间的利益冲突。

分析框架：

主要内容

论文主体部分各章节的研究内容如下：

1. 基本概念和理论基础（第二章）。本章界定了建筑耗能、建筑

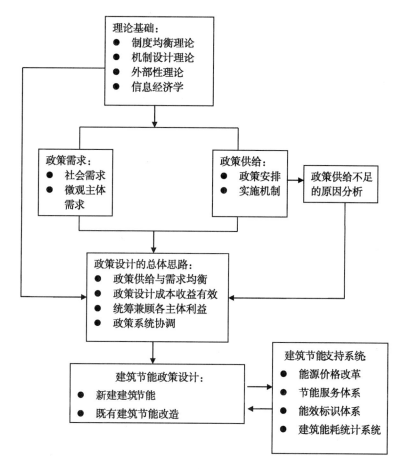

图1-1 本书分析框架

节能和政策设计三个基本概念；论述了作为本书政策设计的理论基础的制度均衡和制度变迁理论，以及机制设计理论。

2. 建筑节能政策需求（第三章）。本章分为两个部分，一是对建筑节能政策的社会需求进行分析，认为我国正处在加快经济发展方式转变和城镇化水平迅速提高的阶段，建筑能耗将大幅提高，但我国节能潜力很大，建筑节能对于我国低碳转型的实现十分重要，对于政策的需求也十分紧迫。另一是以房地产开发企业和消费者为例，分析了微观经济主体的建筑节能政策需求。社会需求已经预告了建筑节能未来的获利机会，在一定程度上改变着开发企业和消费者的预期，而正外部性、信息不对称和体制政策障碍等问题的存在，是微观主体对建筑节能政策产生需求的本质原因。

3. 建筑节能政策供给（第四章）。我国现行的建筑节能政策体系包括建筑节能标准、建筑节能法规和规章、其他政策文件和政策实施机制。建筑节能政策对推动建筑节能工作发挥了重要作用，但建筑高耗能的现状并没有得到根本性的改变，说明我国建筑节能政策的供给尚不能满足需求。政策供给不足的原因是：政策安排和政策结构不均衡，包括激励性政策缺失、国家节能标准设计存在问题、能效标识政策没有起到作用、实施机制不健全等；执行政策的能力不足，包括法律强制力缺失、监测机制落后、地方政府执行力不足和体制机制障碍。

4. 建筑节能政策设计总体思路（第五章）。本章根据制度均衡理论和机制设计理论，总结出建筑节能政策设计四个原则，分别是政策需求与供给均衡原则、统筹兼顾各主体利益原则、成本收益有效性原则和政策系统协调原则。在遵循这四个原则的基础上，按照政策目标、利益相关者行为分析、政策工具选择、实施机制来对我国建筑节能政策体系进行设计。建筑节能政策设计还要考虑支持系统对政策制定和实施的推动和约束，这些支持系统包括能源价格改革、节能服务市场、能效标识制度、建筑能耗统计制度等。

5. 新建建筑节能政策设计（第七章）。本章通过对新建建筑节能政策供给和新建建筑市场利益相关者需求的对照分析，得出有助于实现各利益相关者个人目标与社会目标相一致的政策设计。政策设计的思路是一方面要保证所有新建建筑都要达到国家最低强制性节能标准，另一方面要通过经济激励和自愿协议等政策工具鼓励微观经济主体提供和购买更高能效水平的节能建筑。

6. 既有建筑节能改造政策设计（第八章）。本章分别分析了北方供热体制改革和大型公共建筑节能两大领域的政策供给和利益相关者需求，并通过唐山的既有建筑节能改造项目实践和海淀区既有建筑节能改造的政府实践两个案例，进一步具体地分析了利益相关者的利益诉求对政策供给的影响，为政策设计提供更多的证据。

第二章

基本概念和理论基础

第一节 基本概念

一 建筑能耗

对于建筑节能概念的理解要从了解"建筑能耗"这一概念入手，但我国还没有建立起详尽的建筑能耗统计指标体系，同时，对于建筑能耗的范围界定并不十分清楚。本部分将对一些含混的概念进行解释。

（一）什么是建筑能耗

一般来讲，建筑能耗是指建筑物内各种用能系统和设备的运行能耗，主要包括采暖、空调、照明、家用电器、办公设备、热水供应、炊事、电梯、通风等能耗。从能源消耗领域看，主要包括商业建筑、公共设施和居民住宅中各种用能设备的运行能耗。这一概念清晰表达了建筑能耗的范围，仅指建筑物内的各种用能系统和设备在使用过程中的能耗，即建筑用能设备运行能耗，不包括建筑施工过程产生的能耗和建造建筑物需要的原材料能耗。

发达国家进行能源统计时，一般按照 4 个终端用能部门分别统计：即工业、交通、商用（包括商业建筑和公共建筑）和民用（居民住宅）。其中，把商用能耗和民用能耗这两项通常发生在建筑物中的用能称为建筑能耗。工业建筑中的工业生产能耗在工业部门统计，不列入建筑能耗中。

另外，有些学者则将建筑能耗定义为一种能源需求，认为建筑能耗是在建筑物中为满足某种能源服务需求而产生的，采用了某种能源系统或设备，在实际运行中消耗的能源。

建筑能耗最终体现为某类终端能耗（一般为二次能源）；而为提供该终端能耗，需要在加工转换环节消耗某种一次能源。即由于采取了不同的终端用能设备（技术）和加工转换技术，建筑能耗最终对应于不同的能源品种，包括终端能源品种和一次能源品种[①]。

建筑能耗的分类，既可以按照用能方式（设备）来划分，又可以按照建筑类型划分，也可以根据建筑能耗的特点进行划分。将建筑能耗分类核算既可以帮助建筑管理者认清建筑节能的潜力，也可以为政策制定者开展建筑节能工作提供依据。

首先，按照用能方式的分类。建筑能耗主要包括采暖、空调、照明、电器设备、热水供应、炊事、电梯和通风等方面的能耗。其中，以采暖和空调能耗为主，一般占建筑总能耗的50%—70%[②]。

其次，按照建筑物的类型分类。建筑物主要分为公共建筑[③]（包括办公楼、宾馆、商场、医院、学校、仓储等建筑）、民用居住建筑（住宅）及工业建筑（厂房等）。建筑能耗主要指在公共建筑和住宅中的能源消费，在国外通常称为商用/民用能耗，不包括在工业生产过程中的工艺能耗（应计入工业能耗[④]中）。

第三，按照能耗特点的分类。我国幅员辽阔，气候条件复杂，不同地域、不同建筑类型能耗特点差距较大，要更加有针对性地开展节能工作就不能忽视这些不同的约束条件，因此，我国的建筑能耗又可以划分为：北方城镇建筑采暖能耗、城镇居民生活用能、农村居民生活用能、大型公共建筑用电、一般公共建筑用电。

（二）影响建筑能耗的因素

建筑能耗之所以产生是为了满足使用者对建筑室内环境提出的采暖、空调、照明、热水、炊事、电器等需求。建筑能耗最终体现为采

---

① 康艳兵：《建筑节能政策导读》，中国建筑工业出版社2009年版，第1—2页。
② 第3章将对这个数据进行较详细的分析。
③ 国外称为商用建筑（Commercial Building）
④ 严格来说，当前能源统计数据里的工业能耗中的一部分非生产用能应该属于建筑能耗。

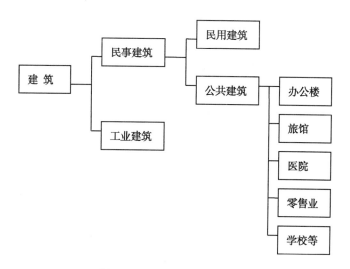

图 2-1　中国建筑分类方法

暖、空调、照明、热水、炊事、电器设备等用能设施的运行能耗。此阶段的能耗为终端能耗，多为二次能源（如终端电力和热力），为了提供二次能源需求，则需要在发电厂等能源加工转换环节投入煤炭、石油、天然气等一次能源。从能源加工转换过程来看，影响建筑能耗的因素分为两类[①]，一是使用者的需求，二是建筑能源效率水平。

使用者的需求是指人们对建筑面积、建筑室内舒适性、照明、热水供应、家电等方面的要求，主要取决于人们的经济收入水平和消费理念，与一个国家的经济发展水平、城市化水平、产业结构和居民消费模式等因素有关。虽然使用者的行为对于建筑能耗的影响很大，但本书并不将这部分内容列入研究范围之中。

建筑能源效率水平取决于建筑物本体的性能和建筑用能系统的运行效率。这一影响因素是本研究重点考虑的。

1. 建筑物本体的性能

建筑物本体的性能包括建筑围护结构性能和建筑物采光设计等，例如，对于采暖和空调负荷，建筑围护结构的节能性能越好，需要的采暖空调负荷指标越小；对于照明负荷，与建筑物设计的采光性能有

[①]　康艳兵：《建筑节能政策解读》，中国建筑工业出版社 2009 年版，第 30—31 页。

很大关系。

建筑物本体的节能是建筑节能的重点之一，围护结构材料和部品是实现建筑节能的基础技术和产品，主要涉及外墙保温与隔热、楼板、屋顶保温与隔热、热物理性能优异的外窗和玻璃幕墙、遮阳装置等。建筑用能的高低取决于建筑围护结构的保温隔热性能、建筑的密闭性等[1]。

专栏：建筑围护结构节能[2]

建筑围护结构节能是建筑节能的重要组成部分。围护结构是指建筑物及房间各面的围护物，分为不透明和透明两种类型：不透明围护结构有墙、屋面、地板、顶棚等；透明围护结构有窗户、天窗、阳台门、玻璃隔断等。按是否与室外空气直接接触，又可以分为外围护结构和内围护结构。在不需特别加以指明的情况下，围护结构通常是指外围护结构，包括外墙、屋面、窗户、阳台门、外门，以及不采暖楼梯间的隔墙和户门等。围护结构节能技术就是通过改善建筑物围护结构的热工性能达到夏季隔绝室外热量进入室内（即隔热）。冬季防止室内热量泄出室外（即保温），使建筑物室内温度尽可能接近舒适温度，以减少通过辅助设备如采暖、制冷设备来达到合理舒适室温的负荷，最终达到节能的目的。

2. 建筑用能系统效率

建筑用能系统通常主要包括采暖空调、通风照明，以及热水供应等。建筑用能系统的运行效率取决于能源系统的技术形式和实际运行效果。

专栏：暖通空调

暖通包括采暖、通风、空气调节这三个方面，缩写 HVAC

---

① 王新春：《借鉴国外先进标准法规 降低建筑围护结构能耗》，《中国建材》2006 年第 9 期。

② 滕明邑、周晋、张国强等：《建筑围护结构节能》，《大众用电》2007 年第 3 期。

（Heating，Ventilating and Air Conditioning），这三个方面简称暖通空调。

"暖通"是建筑设计中工种的一个分类的名称。建筑的总体设计包括许多分项，如建筑设计、结构设计、基础设计、电力（强、弱电）设计、给排水设计、暖通设计和配套园林绿化景观设计等等。

暖通设计是指该项目中所需要的"空气调节系统"，简称"空调系统"。一般"空调系统"包括制冷供暖系统、新风系统、排风（排油烟）系统等的综合设计。

所以说"暖通"从功能上说是建筑的一个组成部分。从建筑设计来说，是建筑设计的一个分项。

二　建筑节能

上一节已经详细地分析了影响建筑能耗的因素，包括使用者的用能行为、建筑物本体的性能和建筑用能系统的运行效率。对于建筑节能来说，这三个影响因素分别对应的是行为节能、建筑物节能（围护结构和设计）和各种终端用能系统设备节能。其中，行为节能不在本书研究范围内，本书只研究通过完善建筑围护结构和用能系统运行而实现的建筑节能。

建筑节能经常与"节能50%"、"节能65%"的标准联系在一起，所谓"节能50%"、"节能65%"，包括之前"节能30%"的标准，都是以1980—1981年住宅通用设计能耗水平为基准，在此基础上实现节能。

具体来说，为实现50%的节能目标，要通过建筑物采取保暖、隔热等节能措施使供热设计负荷（与供热系统无关）在原来的基础上降低35%左右；对于供热系统，通过提高锅炉效率和热网输配效率，使供热系统总效率在原来的基础上提高31%。所以，单位面积供暖能耗降低到原来的50%左右，即实现了节能50%的目标。

　　康艳兵[①]以北京市节能标准发展过程为例，分别统计了要实现"节能30%"、"节能50%"、"节能65%"的目标，供热系统效率和采暖能耗分别要达到的水平（如表 2 - 1 所示）。1980 年标准中，平均采暖负荷指标为 31.7W/m²，锅炉效率为 55%，热网效率为 85%，单位面积采暖能耗为 67.8 W/m²；1986 年标准中，平均采暖负荷指标为 25.3 W/m²，锅炉效率为 60%，热网效率为 90%，单位面积采暖能耗为 47 W/m²，比 1980 年的基础标准节能 31%；1996 年标准中，平均采暖负荷指标为 20.6W/m²，锅炉效率为 68%，热网效率为 90%，单位面积采暖能耗为 33.7 W/m²，比 1980 年的基础标准节能 50%。2004 年标准中，主要强调提高建筑维护结构保温隔热性能，平均采暖负荷指标为 11.1W/m²，锅炉效率为 68%，热网效率为 90%，单位面积采暖能耗为 23.7 W/m²，比 1980 年的基础标准节能 65%。

表 2 - 1　　　　　北京市《民用建筑节能设计标准（采暖居住建筑部分)》发展过程

	平均采暖负荷	供热系统效率			单位面积平均采暖能耗	节能率
		锅炉房效率	热网效率	供热系统总效率		
	W/m²	%	%	%	W/m²	%
1980 年住宅通用设计能耗水平	31.7	55	85	46.75	67.8	
第一阶段节能 30%（1986 年）	25.3	60	90	54	46.9	30.9
第二阶段节能 50%（1996 年）	20.6	68	90	61.2	33.7	50.4
第三阶段节能 65%（2004 年）	11.1	68	90	61.2	23.7	65.0

三　政策设计

（一）关于设计的概念

设计被定义为帮助实现从此处到彼处的指南（Petroski，1992）。

---

①　康艳兵：《建筑节能政策解读》，中国建筑工业出版社 2009 年版。

也就是说设计是一种以目标为核心来解决问题的行为，这与科学不相同，科学是要证实客观真相的。Petroski 还强调最初的设计可能最终会被证明是不完善的，因此，模拟仿真和实践检验都是从设计理念到最终执行的基本阶段。

经济设计

经济设计的核心是制度（Institutions）和组织（Organizations）。制度主要是与稀缺资源配置相关的，其中 North 给出了对于制度所下的定义广为人知：制度是人为设计、构造的政治、经济和社会相互关系的一系列约束，它由正式制度（宪法、法令、规章等）和非正式制度（传统规范、道德伦理、风俗、意识形成等）组成。制度为一个经济体提供激励结构，并且影响经济变革的方向。

组织是与资源和信息流相关的决策关系，而这种关系是包含在合同、协议或是参与者之间非正式的协议中（Milgrom and Roberts，1992）。

制度和组织这两个概念易混淆，两者的不同之处在于制度指的是规则，而组织是指结构关系。举例来说，价格规则决定了谁可以得到商品，而买者与卖者之间的合同关系就属于组织关系了。

经济设计与效率

新古典经济学中效率是由社会最优产出（帕累托最优）来定义的，但是现实中帕累托最优无法实现。现实中，评价效率的实验性工具是成本—收益分析法，它是政府评价新投资项目的核心工具，它甚至还能应用于新制度的评价（North，1991）。但是这种方法应用于社会决策也得到了批评，哲学家 Sagoff（1988）就认为通过成本—收益分析的方法来进行社会政策的选择是不合理的，他认为社会问题的判别标准应该是社会价值而不是效率，因此社会政策应该通过政治程序而不是成本收益进行分析。Milgrom 和 Roberts（1992）认为稀缺问题是需要权衡的一种选择，因为增加一方的效用就意味着另一方效用的损失。如何测定绩效？可能的解决方法是考察有效地选择，这种有效选择是指在现有的目标和偏好下参与者不会有替代性选择了。他们还认为，如果人们能在一起进行有效的讨价还价，并且可以有效地实施他们的决定，那么经济行为的产出将是有效的。

机制设计

机制设计，出现于 20 世纪 60 年代，强调分散化的方法，目的是可以最小化因集中的政府决策而带来的信息、监测和执行成本。这些成本会限制真正的生产可能性，因此应该设计协调系统来最小化这些成本。

作为机制设计理论的奠基者，并因其在机制设计领域的特殊地位而获得 2007 年诺贝尔经济学奖的美国经济学家赫维茨（Hurwicz）定义了机制设计，即将规则作为分析的主题，而不是作为已有的假设。与此同时，他给出了经济设计的正式描述和规则在决定社会产出方面所扮演的角色。一个经济体是一种包括参与者、偏好、技术和资源的环境，其中关于资源配置的规则用来定义允许的行为，参与者的策略则取决于博弈规则、自身的行为特征和他人决定。机制设计的目标就是要识别出那些可以产生结果的社会规则。

（二）制度设计研究概述

因研究视角不同，关于政策设计的定义有多种。

政策研究者十分关注对政府可以用来实现其目标的各种基本工具或用具的理解。他们的兴趣从最初的归纳性创建有关通用性工具的广泛列表以供政策分析者使用，转移到对工具的各组成元素的更节俭的、但仍然有用的规范的发掘努力上。从通用工具到完全规范化政策的转移，需要设计者不仅仅了解工具基本的组成元素，而且了解这些元素怎么使用规范。例如，使外部性内部化的庇古税至少应该规定该税收适应的税基和税率，以及征税所依赖的行政性工具，等等。设计者也许要设定用以指定这些细节如税基、税率的准则，而不是直接地规定它们。这些规则和规格的创建就是制度设计。

另外一种解释认为，制度设计是一组持续的和可预见的规则和激励，这些规则和激励影响着个人的行为。Elinor Ostrom 提供了一种可供借鉴的比较制度的研究方法。她通过关注公共财产资源的治理结构，从而得以对大量具体的案例研究进行比较。这些实证基础使得她能够鉴别制度设计的特征，这种特征似乎充分限制了过度开发和过低投资，以使资源能够持久。尽管 Ostrom 关于制度设计的假设主要是靠归纳得出来的，还有待进一步检验，但她的工作为制度设计的实证研究指出了一条可能的途径。

制度设计也被认为是一种有目的的制度变迁。诺斯（1990）将制度变迁视为"势不可挡的增长"（overwhelming an incremental）过程。但制度变迁可能因路径依赖问题的存在，转向技术上有效率但经济上无效率的情况；制度受益者可能有足够的讨价还价能力来阻碍实行对他们更不利、但却更有效率的制度。

也有学者将制度定义为不断重复的社会环境中的规则（Schotter，1981；Talor，1982；Axelrod，1984）。这一规则在参与人中是共同知识，每个参与人都预期其他参与人将遵守规则，并且如果其他人都遵守规则，对任意参与人来说遵守规则将符合其自身利益。换句话说，制度可以被解释为重复博弈的均衡。制度的一般均衡复杂之处在于多重均衡的存在，因为重复博弈一般具有多重均衡，无名氏定理表明，这样的均衡常常有无穷多个。实践中，多重均衡的存在给政策制定留下了发挥作用的空间，他们可以通过将参与人的选择集聚在某个特定的均衡上，来解决参与人在达到均衡时面临的协调问题。

博弈论的出现拓展了制度研究的视野，博弈论全新的分析思路和框架也给政策设计者提供了全新视角。

（三）本书对政策设计的定义

为了更直观、更清晰地反映本书的研究主题，本研究使用"政策设计"来代替经济学中"制度设计"这一概念，但概念含义是等同的。

本研究将"政策设计"定义为通过确定一组规则来实现政策目标。一方面，以新制度经济学关于制度均衡、制度供给和制度需求研究为理论依据，将政策供给满足政策需求，从而使得政策体系实现均衡，作为政策设计的目标。另一方面，以机制设计理论的激励相容原则为依据，将政策设计定义为：在所有参与人进行分散化决策的背景下，能够给每一个参与者激励，使得参与者在最大化个人利益的同时也实现社会目标的一组规则。

第二节　理论基础

一　外部性理论

在经济学中，外部性这一概念虽然出现较晚，但却十分重要。剑桥经济学家庇古在其《福利经济学》一书中论证了外部性问题，形成了外部性理论。他从社会资源最优配置的角度出发，提出在边际私人收益与边际社会收益、边际私人成本与边际社会成本相背离的情况下，依靠自由竞争是不可能达到社会福利最大化的，需要政府进行适当干预。

科斯认为庇古所建立的外部性理论是错误的。他认为无法建立一个正确的外部性理论的根本原因在于对生产要素的错误定义，新古典经济学家通常将生产要素定义为一件物品，由于人们占有和使用的是物品本身，当人们使用这些物品进行经济活动时，没有考虑到物品运作的约束条件，而把其使用看成无限制的，所以当运作中出现冲突时，自然就想到由政府来干预。而科斯将生产要素看作权利，外部性的权利也是生产要素，正是行使这种权利使他人遭受的损失，这样一来外部性问题可以从社会总效应上来考虑。科斯认为，外部性的产生并不是市场制度的必然结果，而是由于产权没有界定清晰，有效的产权可以降低甚至消除外部性，即只要产权是明晰的，私人之间的契约同样可以解决外部性问题，实现资源的最优配置。

张五常提出，从交易费用的观点看待外部效应问题，会发现外部性与效率准则的冲突需要重新解释。外部性之所以出现，是因为在交易中对这种溢出效应定价的测度和监督费用太高，以至于外部性内在化的激励不足。外部效应是指某种选择的成本或好处没有完全由选择者承担。既然在均衡状态下承担着那部分外部成本的当事人没有意愿消除这部分成本，那就意味着为了消除这部分成本对当事人的代价会更高。所谓外部性，只在与新古典的交易费用为零的一般均衡状态下的经济效率相比较时，才是一种经济无效率。

本书应用外部性理论对建筑节能问题各利益相关者为何会产生政策需求进行分析，同时说明政策供给的类型是多样的，庇古和科斯所提供的解决思路经常被政策设计者们综合使用。

二　信息不对称理论

信息经济学主要研究的是信息是否完备、充分、对称。新古典经济学家认为市场中的信息是完备的，所以没有考虑信息不完全、信息不对称的情况，显然这与实际情况有很大的偏差。事实上许多经济运动建立的前提条件正是信息不完全和不对称。为了弥补新古典经济学在信息问题上的不足，逐渐形成了信息经济学理论，即在信息不完全、不对称的情况下来研究经济主体的行为。信息经济学提出：所谓的充分信息在现实生活中是不存在的，而且在现实生活中要搜集到必要的信息要付出信息成本。

信息不对称是指市场交易主体间掌握的信息量不同。不同的个体对信息的拥有量是不同的，这就形成"私有信息"（Private Information）。在信号传递中，私有信息具体是指委托人拥有但代理人没有的，与参与人的效用或支付相关的信息。因私有信息存在而出现信息不对称，导致市场失灵，资源配置偏离帕累托最优状态，会引发道德风险（Moral Hazard），从而引起逆向选择（Adverse Selection）。因此，政府必须有效介入市场，建立以信息披露为核心，以违规处罚为辅助的市场制度，弥补因为信息不对称带来的市场机制失灵。

本书应用信息经济学的信息不对称理论，分析了建筑节能市场存在的信息不对称现象和由此引发的市场失灵、道德风险和逆向选择，并进而说明相关的建筑节能政策具有解决市场中的信息不对称的功能。

三　制度变迁理论

制度变迁本身降低了制度的稳定性，而人们是将自己的预期建立在这种稳定性之上的。然而，当环境变迁而制度却不能随之变迁时，可能会导致制度规则以非社会最优的方式约束行为。由于制度设计是有目的的制度变迁，因此，要深入了解制度设计就要理解制度变迁的机理。

（一）各学派对制度变迁的理解

新制度经济学派的制度变迁理论体系最为完整。在众多新制度经济学学者中，对制度变迁的研究最著名的当属诺思。诺思通过对西欧以及美洲一些国家经济史的研究，描述了制度变迁的一般理论模型，并特意强调有效的制度设计是获得较好经济绩效的决定性因素。在制度变迁的研究中，诺思还扩展了他的产权理论、国家理论以及意识形态理论。除诺思之外，其他新制度经济学家，包括舒尔茨、拉坦、弗格尔以及林毅夫等，都在不同的方面继续完善制度变迁的理论。

奥尔森作为公共选择学派的代表人物之一，他的制度变迁理论也同利益集团密切相关。奥尔森指出，由于利益集团成员的搭便车动机，大规模集团往往不如小规模集团那么容易集体行动，因此，大集团必须依赖"选择性刺激手段"的奖惩作用才能够有效组织行动。奥尔森进一步分析了利益集团在制度变迁中的作用，他认为由于利益集团的形成需要一定的时间，所以随着社会的稳定，利益集团将会越来越多，又因为一定的利益集团总是代表特定群体的利益，因此，利益集团往往会影响到制度变迁的效果，利益集团的行动也往往会决定国家公共政策的执行情况。

哈耶克从更为一般的角度来探讨制度变迁问题。哈耶克首先认为人的知识是分散的，任何人都不可能完全掌握其他人的信息，因此试图利用计划的方式来利用集中知识解决分散知识的问题是荒谬的。哈耶克通过演进的视角，认为制度变迁过程实际上是一个自发演化的自然过程，在这一过程中，一方面过去的制度中较为适应环境变化的部分保留了下来，另一方面，在人们的互动博弈中，个体之间实现了信息与知识的充分交流，从而进一步促进制度的变迁。

（二）制度变迁与制度均衡

在以往关于制度变迁的理论中，以诺思、舒尔茨为代表的新制度经济学家，都将制度变迁假设成需求产生后立即就可以实现的过程，制度变迁的原因及结果相对于制度变迁过程来说更为重要，而制度变迁的供给分析则被淡化了。拉坦意识到这一问题，提出诱致性制度变迁理论。制度的变迁过程存在着一个"需求—供给"的基本模型。总的来说，制度变迁是通过制度的需求和供给的平衡关系实现的。

1. 制度需求

诺思认为，一项新的制度安排之所以会被创新，是因为预期的净收益超过预期的成本。即只有通过改变现有的制度安排，才能够获得在原有制度安排下得不到的收益，即一种"外部收益"内部化的过程。

拉坦认为，"对制度变迁需求的转变是由要素与产品价格的变化以及与经济增长相关联的技术变迁所导致的"。

2. 制度供给

制度的供给，实质上就是制度从何而来以及如何来。拉坦就制度变迁的供给过程做了较为详细的研究，提出了诱致性制度变迁理论，林毅夫在拉坦的基础上进一步完善了诱致性制度变迁理论，并提出了强制性制度变迁理论。

诱致性制度变迁是指现行制度安排的变更或替代，或者新制度安排的创造，它由个人或一群人，在响应获得机会时自发倡导、组织和实行。诱致性制度变迁发生的一个基本前提，就是制度变迁所带来的收益要大于制度变迁过程中发生的成本，即制度产生了一种"获利的机会"（林毅夫，1994）。林毅夫认为，整个社会的所有制度构成一个制度结构，制度结构中任何一项制度的不均衡都会紧接着导致整个制度结构的不均衡。因此，他认为诱致性制度变迁的过程很有可能就是从一项制度的变迁开始，随即扩散到整个制度结构中。而在诱致性变迁中，由于变迁通常是由个人引起的，因此，个人不但要在个体的收益与成本之间进行衡量，而且还要在个体收益与社会收益以及个体成本与社会成本之间进行衡量，于是，诱致性的制度变迁往往会涉及"搭便车"的问题。诱致性制度变迁会涉及正式制度和非正式制度的变迁，林毅夫认为在正式制度的变迁中，"搭便车"是一个需要重点解决的问题，而解决这个问题的重要途径是通过"政治或制度企业家"的作用来实现，这些人能够使制度变迁收益的分割结果向更有利于自己的方面发展；而对于非正式制度的诱致性变迁来说，其难度和时滞性要大于正式制度，因为这里更重要的是一种利益的分配、道德和习惯的障碍。

强制性制度变迁是指由政府命令和法律引入和实现的制度变迁。由于诱致性制度变迁存在着"搭便车"的问题，初级集团不可能进行充分的制度创新，因此，一个社会中的制度供给总是会少于其真实的需求。为了有效避免这些问题，由国家来扮演制度变迁供给者的角色显然是最为理想的。国家作为"自然垄断者"，其提供这种制度变迁的服务自然也就能够有规模经济的效应。国家的基本职能在于："界定形成产权结构的竞争与合作的基本规则（即在要素和产品市场上界定所有权结构）；二是在前者的框架中降低交易成本以使社会产出最大化。"

本书应用制度变迁理论的概念框架，使用制度需求和制度供给这两个基本概念来构建建筑节能政策分析路径，并得出政策设计的基本原则之一是政策供给能够满足政策需求，达到政策均衡。

四　机制设计理论

（一）理论概述

机制设计理论是由赫维茨（Leoni Hurwicz）开创，马斯金（Eric Maskin）和迈尔森（Roger Myerson）进一步发展的，三位经济学家分享了 2007 年诺贝尔经济学奖。

该理论的两大关键词：激励与机制设计，激励是指如何让人自觉行动，机制设计是找到一种办法推行激励。

机制设计理论一方面坚持了传统经济学的基本假设和基本模型，另一方面又与传统经济学研究方法和思路有所不同。传统经济学是把市场机制作为已知，研究它能导致什么样的配置，而机制设计理论是将社会目标作为已知，寻找能实现这一目标的有效的经济机制，即通过设计博弈的具体形式，在满足参与者各自条件约束的情况下，使参与者在掌握私人信息，出于自身利益下选择的策略的相互作用能够让资源配置结果与机制设计者预期目标相一致，也就是说，机制设计理论的决策条件是自由选择、自愿交换、分散决策。

机制设计理论与博弈论的区别在于，一般的博弈论是给定了博弈的规则，来预测博弈的结果。而机制设计正好是反过来，先有一个目标，希望得到某个结果，然后找一个博弈规则来实施这个结果。这种博弈规则对应到现实中就是制度和规则。

三位经济学家获得诺贝尔奖的贡献是发展了一个分析框架，它包括三个基本概念：

其一是激励相容（incentive compatibility）。是指在设计机制的时候，要考虑到一个基本的约束条件，就是人们会利用自己的私人信息为自己的利益去作选择。也就是说，所设计的机制必须要与人们的自身激励相一致。赫维茨最早把激励相容作为一个约束条件引入了机制设计问题。

其二是显示原理（revelation principle）。在激励相容的约束条件下来设计最优机制通常是一个很复杂的数学问题。迈尔森把这个复杂的问题简化成一个较为简单的数学问题。它所对应的是一组特殊的机制，即直接显示你的私人信息的机制，它们被称为直接机制。迈尔森证明了在寻找最优机制时，只考虑直接机制与考虑全部机制是等价的。

其三是实施理论（implementation theory）。给定一个目标，是不是可以设计出一个激励相容的机制来实现这一目标呢？通常在一个机制下有很多均衡点，有的均衡点能实现目标，有的则不能。马斯金研究了所有均衡点都能实现这一目标的充分和必要条件，这被称为实施理论。

机制设计是依据上述三个基本概念的一套分析问题的思路、框架和方法。要实现某一社会目标值，就要设计一套制度，或机制，或一套博弈的规则，来实施这一目标值。在设计这个规则的时候，要考虑到所有参与者都会基于自身利益对这套规则作出反应，就是平常说的"上有政策，下有对策"。问题是在知道"下有对策"的情况下，是否还能够设计出一套机制来实现企业、政府或社会的目标呢？有时是可能的，有时是不可能的，在可能的情况下，如何实现，就是机制设计理论要回答的问题。

（二）激励相容

1972 年，赫维茨发表了名为《论信息分散系统》的著名论文，提出了激励相容的概念。在信息不对称的情况下，不同的参与人有不同的动机，如何使个人目标和社会目标相一致就成了重要的问题，这就是激励相容要解决的问题。赫维茨举例说，假如委托人想把一项工程托付给代理人，他不仅需要知道代理人的真实能力，而且还必须知道代理人的责任心，委托人的目标函数依赖于代理人的私人信息。如果这个信息不准确，委托人的判断和决策就会出现失误。那么，委托人怎样才能获得这些关键信息呢？最简单的办法当然是让代理人如实相告。但是，怎样才能激励代理人讲真话，而不说谎呢？委托人必须实施某种形式的激励促使代理人说真话，这就是所谓的激励相容。赫维茨这篇论文的另一个贡献便是提出了所谓的赫维茨不可能性定理，即在个人信息分散的经济环境里，不存在有效率的机制促使个人有动力显示自己的真实信息。

机制设计理论中的激励相容概念具有非常重要的意义，对激励相容问题的研究也是机制设计理论的主要研究课题之一。因为个人利益与社会利益不一致是经济社会中的一种常态，并且信息不完全、个人自利行为下隐藏真实经济特征的假定也是符合现实情况的。在很多情况下，真实显示偏好不一定是占优均衡策略，在别人都显示真实信息的时候，可以通过虚假显示自己的偏好来操纵最后结果以便能从中得利。机制设计理论在信息不完全的情况下将该假定进一步深化，认为除非是获得收益，否则参与者一般不会真实地显示有关个人经济特征方面的信息。在赫维茨之前，人们以为只是对具有公共商品性质的经济环境类，真实显示与导致个人理性和帕累托最优配置的社会目标是激励不相容的，而对私人商品的经济环境类不存在激励不相容的问题。但是赫维茨给出了著名的"真实显示偏好不可能性定理"也称为"激励相容不可能性定理"，他证明了即使对于纯私人商品的经济社会，只要这个经济社会中的成员个数是有限的，在参与性约束条件下（即导致的配置应是个人理性的），就不可能存在任何分散化经济机制（包括竞争市场机制）能够在新古典经济环境类下导致帕累托最优配置并且使每个人有激励去真实报告自己的经济特征。当经济信息不完全并且不可能或不适合直接控制时，人们需要采用分散化决策的方式来进行资源配置或作出其他经济决策。

于是，在制度或规则的设计者不了解所有个人信息的情况下，设计者所要掌握的一个基本原则，就是所制定的机制能够给每个参与者一个激励，使参与者在最大化个人利益的同时也达到了所制定的目标。在机制设计中，要想得到能够产生帕累托最优配置的机制，在很多时候必须放弃占优均衡假设，这也决定了任何机制设计都不得不考虑激励问题。激励相容已经成为机制设计理论甚至是现代经济学的一个核心概念，也成为实际经济机制设计中一个必须考虑的重要问题。

本书应用机制设计理论的激励相容原则作为政策设计的基本原则之一。分析建筑节能领域不同利益相关者的目标函数，并与社会目标相比较，通过政策设计来激励各利益相关者向着有利于社会目标的方向行动，因为这同时也符合其个人利益最大化目标。

第三章

我国建筑节能政策需求分析

本章要回答的是"为什么存在对建筑节能政策的需求"这一问题，因为对政策的需求是进行政策设计的基础。在本章开始，有必要对新制度经济学中关于制度需求和制度变迁关系的论述进行一个简单的梳理，从理论上理解制度需求的产生机制，然后结合我国建筑节能实践，分析建筑节能政策需求的产生机制。

第一节 制度需求的产生机制

一 制度需求概念界定

制度需求是指制度服务的接受者的需求或社会需求。制度需求是在进行社会成本和社会效益分析的基础之上确定的。只要原有的制度安排的社会净效益不是可供选择的制度安排中最大的一个，就发生了制度接受者的非均衡，从而产生了对新的制度服务和制度安排的需求以及新制度服务的潜在供给，而不管这种潜在供给能否变成实际供给而使制度需求得以满足[1]。

在制度变迁理论中，制度需求指的是对制度变迁的需求，之所以会产生对制度变迁的需求是因为单个行为主体要谋求在现存制度下得不到的利益。"由一个人或一群人在响应获利机会时自发倡导、组织和实行的"自下而上的制度变迁被称为需求诱致性制度变迁[2]。与以

---

[1] 张曙光：《论制度均衡和制度变革》，《经济研究》1992 年第 6 期。

[2] 杨瑞龙：《论制度供给》，《经济研究》1993 年第 8 期。

市场经济为基础的分散决策型体制相适应，西方发达国家的制度演变一般表现为需求诱致性制度变迁。

制度需求和制度供给都是制度主体的行为。制度主体可简单分为两类：一类是"制度决定者"，这一部分人或集团在制度选择和制度变迁过程中处于主动地位，起着决定性的作用；另一类是"制度接受者"，指在制度选择和制度变迁中处于被动地位，起从属作用的主体。由于制度选择和制度变迁的决定者也要在其做出的制度安排和制度结构中生活，并以此约束自身行为，而制度接受者也会对制度选择和制度变迁施加自己的影响，间接发挥制度决定者的部分作用，因此，他们也是制度接受者，因而制度决定者和制度接受者是相互联系、相互制约的对立统一关系。

二　制度需求的动力机制

制度需求产生的原因可以从外部影响和内在矛盾两个方面进行分析：

从外部因素看，外部环境发生变化、资源条件改变、外部发展的影响和效应等，都有可能使得原有的制度对制度接受者来说，不再是净效益最大的，这就会产生对新制度的需求。一旦出现新的获利机会，使制度接受者看到在原有的制度安排下不能够实现的潜在收益，制度接受者就会产生摆脱旧制度束缚的需求，预期在新制度下潜在收益能变成现实收益。总之，制度需求的主要动力来自于获得更大的总收益。

从内部因素看，任何一种制度安排都有其内在矛盾，当外部环境发生变化时，内在矛盾就会通过制度供给者和制度接受者之间的矛盾外化和表现出来。任何一个社会或组织的持续发展，都离不开创立稳定制度并有效实施。但必须认识到制度的稳定性又存在着两面性：一方面稳定性、确定性和有效性的制度可以为人们形成一种合理的预期，使人们有利于社会和组织的行为得到激励，而不利于社会和组织的行为得到约束，从而有利于社会和组织的持续发展；另一方面稳定性、确定性和有效性的制度又易形成一种惯性，出现"路径依赖"，使制度出现功能失调。对此，美国经济学家奥尔森指出，制度稳定的社会容易产生一些垄断性的集团和组织，从中又分化出许多"分利集团"，它们试图维持现存的制度和秩序，竭力阻碍新技术的采用和资源的优化配置，阻止制度的变革和秩序的变迁，从而引起经济增长率的下降。当制度供需双方利益出现冲突，就会产生摆脱制度束缚以打破原有的利益格局的动机。为打破原有的利益格局，就产生了对制度的需求，因为这种格局是由制度引起的，所以，打破这种格局也要以制度为突破口。

第二节　建筑节能政策需求的经济社会背景

上一节在界定"制度需求"这一概念时，提出制度需求既可以指制度服务的接受者的需求，也可以指社会需求。本小节将对社会需求部分进行分析，下一节将着重分析制度服务接受者的需求。建筑节能政策的社会需求是相对个体需求而言的，也可称之为微观主体需求。社会需求是指国家在发展战略层面存在对建筑节能政策的需求，本节将分两个部分对这一问题进行论述，一是中国经济和社会的低碳转型背景下的建筑节能政策需求，另一是城镇化对建筑节能政策的需求。

一　中国低碳转型背景下的建筑节能政策需求

（一）应对气候变化与经济发展方式转变的政策大环境给建筑节能带来了机遇和挑战

气候变化日益引发国际关注，中国是全球二氧化碳排放大国，也是二氧化碳排放增量最快的国家，在相当长一段时间内，中国经济持续快速增长态势不会改变。这意味着，中国将面临巨大的国际压力。中国在参加哥本哈根会议之前，国务院宣布中国控制温室气体排放目标：到2020年单位GDP碳排放要在2005年的基础上下降40%—45%，中国将面临着低碳的战略转型。

中国政府意识到今后的GDP增长将仍然是碳排放很重要的诱因，中国碳减排目标是以保证现阶段经济发展为前提的。如何保持经济持续快速增长的同时实现低碳转型，"转变经济发展方式"作为新的国家宏观经济发展战略被提出。

2008 年下半年的国际金融危机对我国经济造成的冲击，表面上是对经济增长速度的冲击，实质上是对经济发展方式的冲击，凸显了我国经济结构存在的突出问题：投资与消费结构不合理，经济增长过于依赖投资，居民消费率偏低；内需与外需结构不合理，经济增长过于依赖外需，内需不足；产业结构不合理，经济增长过于依赖工业，服务业发展滞后；生产技术水平结构不合理，物质资源消耗过大，自主创新能力不强；城乡和区域结构不合理，城镇化滞后于工业化，中西部发展相对落后；收入分配结构不合理，居民收入在国民收入分配中的比重偏低，劳动报酬在初次分配中的比重偏低等等。

转变经济发展方式是解决上述问题的必由之路，而转变经济发展方式对建筑节能的影响体现在两个方面。首先是扩大内需。内需包括国内投资和消费两个方面，扩大内需不仅有利于平衡内外需结构，而且有利于改善投资与消费、国民收入分配等方面的结构。其次是加快产业结构优化升级。面对国内资源环境约束加剧和需求结构升级的新形势，通过加快产业结构优化升级，推动制造业向国际分工价值链高端移动，促进服务业特别是现代服务业加快发展；发展战略性新兴产业，抢占未来发展制高点；着力增强自主创新能力。

应对气候变化的国际压力无疑给中国建筑节能工作带来了机遇，建筑业与工业、交通运输业是能源消耗最高的三大产业，它们共同面临低碳转型的挑战。我国通过加快经济发展方式转变的战略来实现低碳转型，对于建筑节能的影响却是很复杂的。一方面，扩大内需会增强消费对经济的拉动作用，建筑能耗水平有进一步加大的可能性，建筑节能面临很大压力；另一方面，服务业的快速发展也会增加建筑用能需求。当然，国家对战略性新兴产业发展和自主创新的鼓励，也给建筑节能推进提供了机遇。

在这种情况下，建筑节能既需要利用我国应对气候变化、转变经济发展方式的各项政策，也需要专门性的政策体系，以保障其节能效果的达成。我国建筑节能战略所处的外部环境如表 3 - 1 所示。

表 3 – 1 建筑节能战略外部环境分析

		机遇	挑战
国内环境	政策	转变经济发展方式是我国经济社会可持续发展的重大战略	扩大内需，增强消费对经济的拉动作用，消费增速会保持在12%左右，建筑能耗水平将进一步加大
	经济	国家经济实力提高，宏观调控能力加强，建筑节能投资能力加大	经济结构调整，拉动经济增长的主要力量转变为工业和服务业双轮驱动，建筑能耗加大
		社会经济实力提高，建筑节能投资承受能力加强	人民生活水平提高，消费结构升级，建筑能耗刚性增长
		房地产业在投资拉动下迅速发展	房地产价格过高，市场对建筑节能指标不敏感
	技术	自主创新成为国家战略	目前自主创新能力还很薄弱

（二）我国建筑领域节能潜力大，有助于低碳转型

我国是目前世界上每年新建建筑量最大的国家，平均每年要建20亿平方米左右的新建筑，相当于全世界每年新建建筑的40%，水泥和钢材消耗量占全世界的40%。这是因为我国正处在快速城市化的过程中，需要建造大量的建筑，预计这一过程还要持续25—30年。因此，这个领域的节能潜力是巨大的。

我国既有建筑也是量大面广，据初步统计，城乡既有建筑中的90%以上都是高耗能建筑。尤其是在北方采暖地区，这些非节能建筑围护结构如墙体、门窗、屋顶普遍保温隔热性能很差，供热系统效率低，其单位面积的耗热量指标是同气候区域西方发达国家的2—3倍。而公共建筑除了围护结构保温隔热性能差外，由于供热和空调系统缺乏调节、室内温度不能灵活控制，导致许多公共建筑单位面积的耗能量达到当地居住建筑单位面积耗能量的8—15倍。比如北京市，仅占既有建筑面积总量不到5%的公共建筑消耗的电量基本与全部居住建筑消耗的电量持平[①]。因此，"改造存量"对于切实降低建筑能耗总量有着直接的作用。住建部官员说，我国400多亿平方米的既有建筑

---

① 武涌，刘长滨：《中国建筑节能经济激励政策研究》，中国建筑工业出版社2007年版。

中约有三分之一需要进行节能改造，大约有 130 多亿平方米，如果按每平方米 200 元来计算，将耗资约 2.6 万亿元[①]。这个数字很庞大，说明既有建筑节能改造有很大的市场，可能会带动相关产业的发展。

我国建筑节能技术逐步成熟。业界人士都认为我国建筑节能发展的技术障碍已经克服，无论是建筑围护结构还是暖通空调技术都已经相对成熟，可以达到甚至超过国际标准。只是建筑节能技术市场还不完善，中小企业是节能技术和材料市场的主要供给方，企业研发能力不足，使得我国建筑节能技术市场不太规范，各企业通过低价竞标、以次充好，以获得生存空间。节能技术市场环境不规范影响了建筑节能的发展。

低碳问题就是能源问题。要在 2020 年前完成中国的国际承诺，实现低碳转型，应主要依靠能源战略的调整。能源战略调整无非两条路径，一是调整能源结构，即发展新能源；二是降低 GDP 能源强度，提高能源利用效率。目前，中国低碳转型应以后者也就是节能为主，以发展新能源为辅，因为现阶段发展新能源并不是成本最小的选择。

在节能问题上，政府还没有完全意识到建筑节能对低碳转型可能产生的贡献，节能工作的重点还在工业，大量的政策优惠和支持都用在工业产业结构调整上。但笔者认为，现阶段中国经济结构调整并不以政府意愿为转移，至少有两方面的原因：第一，一国的经济结构应该符合本国资源禀赋以及经济发展的阶段性和规律性，目前的经济结构符合城市化、工业化经济增长的基本经济结构，不可能有其他的经济结构；第二，在经济贸易全球化导致的全球经济分工中，中国的定位比较明确，低端高耗能的贸易结构仍会长期存在。因此，从政策效果来看，给予建筑节能相应的政策支持更有效率。

二　城镇化过程中的建筑节能政策需求

城镇化、工业化直接导致能源消耗快速增长等问题，但反过来也可以把城市化和工业化当成一个节能减排的机会。近年来，中国城镇化率每年增长 1 个百分点，以这样的速度计算，在未来 5—10 年的时

---

① "民用建筑节能潜力大问题多？"，载《中国环境报》2008 年 9 月。

间里会有3—4亿人口进入城市，对城市基础设施的需求也将大幅提高，城市新建建筑面积将保持持续快速增长。

目前，我国建筑能耗占终端能耗比重低于发达国家，因为我国尚处于工业化加速发展阶段，工业能耗占终端总能耗的一半左右，而发达国家的工业能耗一般只占到1/3左右，建筑能耗甚至超过工业能耗（如表3-2、图3-1所示）。一般情况下，建筑能耗比例越大，说明第三产业在国民经济中占的比重越大，也说明国民生活水平较高。随着我国产业结构调整和城市化加速，建筑能耗的比例也会相应上升，节能压力会由工业部门向建筑部门转移。

表3-2   世界各地终端能源消费量的部门构成（%）

	建筑和农业能耗比重	工业能耗比重	交通和非能耗比重
中国	27.6	54.8	17.6
美国	30.5	25.3	44.2
日本	33.2	37.6	29.2
德国	40.7	30.3	29.0
加拿大	33.5	35.1	31.4
英国	39.9	24.7	35.4
法国	38.8	27.1	34.1
印度	29.1	46.0	24.9
世界	32.8	34.5	32.7

数据来源：日本能源经济研究所，日本能源和经济统计手册，2005年版。

我国城镇化是推动建筑节能最好的机会，借助这一机会，政府要以政策引导，保证新建建筑都能达到相应的节能标准。因为建筑是刚性的排放领域，一旦现在所建建筑不节能，今后改造的成本更高。

我国人均用能水平还是很低，人均生活用电仅相当于美国的7%，住宅的人均用电量仅为美国的1/7，日本的1/3（如图3-1所示）。很重要的原因是：我国农村和偏远地区由于经济和技术落后，仍然大量使用低质燃料来满足炊事、取暖等生活基本需要，煤炭、电力等商品能源在农村目前的使用量不高，单位面积能耗远低于城镇居住建筑（如表3-3所示）。秸秆、薪柴和煤炭在农村的消耗比例分别为35%、

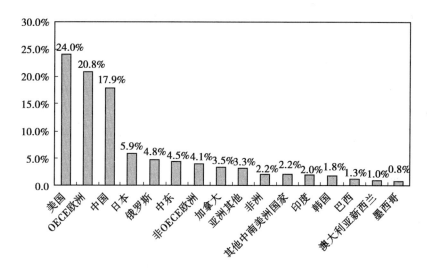

图 3-1　2005 年全球建筑能耗分布[①]

22% 和 31%。目前，我国生活用能结构正在改善，如果农村的非商品能源完全被常规商品能源所替代，我国建筑总能耗将增加一倍。在建筑能耗大幅度增长短期内不可改变的情况下，提高能源利用效率是建筑节能的唯一选择，而政策推动是快速遏制能耗增长不可缺少的手段。

表 3-3　　　　　　　　　我国各类建筑能源消耗现状[②]

			面积 （亿平 方米）	年能耗状况 （亿千 瓦时）	单位面积能耗 （千瓦时每平 方米每年）
农村居住建筑	农村生活用能 （不包括非商品能）		240	900	7.5
城镇居住建筑	城镇建筑 （非采暖）	北方城镇采暖	65	3700	57
		住宅用电	100	2000	10—30
		一般公共建筑	55	1600	20—60
		大型公共建筑	5	1000	70—300
		合计	160	4600	29
总计			400	5500	25

① International Energy Outlook，US EIA.

② 武涌等：《中国建筑节能管理制度创新研究》，中国建筑工业出版社 2007 年版。

表 3 - 4　　　　2004 年中、美、日住宅建筑电耗（采暖除外）

	中国城镇	美国	日本
人均住宅面积/ m²	25	53	31
人均用电/ kWh	684	5201	1966
单位面积用电 kWh/m²/a	27	97	99
其中：炊事	9.5	7.2	7.3
热水	3—5	24.5	30.2
空调	1—5	13.8	3.8
照明	6.7	14.8	—
其他家用电器	5—15	36.7	57.3

资料来源：杨秀、江亿《中外建筑能耗比较》，《中国能源》2007 年第 6 期。

当前，中国正处在加快经济发展方式转变和城镇化水平迅速提高的阶段，建筑的能源消耗问题已不容回避，建筑节能问题已经被纳入经济、社会发展规划之中，也就是说政策的社会需求推动了建筑节能政策的形成。相对于社会需求来说，微观经济主体对建筑节能政策的需求对政策制定同样重要，因为社会需求与微观主体需求是相互影响的。以开发企业为例，面对建筑节能的社会需求，企业必须做出应对准备，减碳可能给企业带来成本压力，但如果能通过技术和管理创新来克服成本压力，就有可能增强企业的市场竞争力。这个过程中，企业难免会产生对政策的需求，这种政策需求积累到一定程度就有可能强化社会需求。关于微观经济主体政策需求的形成机制将在下一节中论述。

第三节　微观经济主体的建筑节能政策需求

制度服务的接受者的需求是制度需求之一。对于建筑节能，制度服务的接受者包括两类：一类是节能建筑产品或服务提供者，包括房地产开发企业、材料供应商、节能服务公司；另一类是节能建筑产品或服务的购买者，包括企业消费者和个人消费者。本节将分别讨论两类政策接受者参与建筑节能活动的障碍及其政策需求，分别以房地产开发企业和消费者为例。

一　房地产开发企业的政策需求

建筑节能是具有正外部性的行为。以新建建筑来看，开发企业投入额外的资金建造节能建筑，最终节能建筑被作为商品售出，购买者将享受到因采用成本较高技术和设计所带来的能耗开支的节约。如果开发企业通过提高售价来弥补自身的成本增加，又将失去市场份额。这就是经济学上的正外部性，即一个经济主体的活动增加了另外的经济主体的产出，却不存在一个价格机制来反映这种影响。造成正外部性的一方所获得的私人收益小于社会收益，其生产量低于社会最优福利水平，就会造成社会有效供给不足。这也就解释了为什么目前市场上真正的节能建筑少之又少，因为开发企业没有供给积极性。

纠正外部性（或称外部性内部化）的方法主要有以"庇古税"为代表的政府干预手段，以及以科斯等人产权理论为代表的市场手段等。20 世纪 90 年代以后公民运动不断发展，各种政策手段越来越趋向于综合运用。以诺斯为代表的部分经济学家论证了对具有正外部效应行为的合理保护有利于推动社会经济发展[①]。

正外部性的存在是因为逐利为目标的房地产开发企业有两大特性：一是更多地关注项目短期效益，因为需要承担建筑开发的土地成本、设计与建造费用的大部分，建筑的开发投资通常会面临一定的贷款压力，因此开发商一般都更关注项目的短期效益。因此，大部分开发商对于开发以节能等为特征的建筑产品的兴趣，更多取决于这些产品前三年的市场价值，节能对于这些开发企业而言，只有在有助于提高其产品的销售速度和销售价格时才最有意义。可以说，初始成本较高，是节能建筑发展面临的重要障碍。因此，政府要通过政策设计，对开发节能建筑的行为进行补偿，以解决市场供给不足的问题。另一特性是规避风险，节能建筑的实践对于开发商来说也是新的事物，面临着采用新技术和新材料的风险，需要更多的专业知识，需要产业链

---

① 卢现祥：《西方新制度经济学》，中国发展出版社 2005 年版。

上各主体之间的协商与合作，而这部分交易成本需要开发商自己来承担，这是很难实现的。从开发商的角度而言，大部分开发商首先会依据国家有关的强制规定做节能，等政府部门来培育建筑节能市场，其实是借助政府的力量降低进行节能建筑实践的风险。

而事实上，在发展低碳经济、倡导节能减排的政策环境中，开发企业的市场预期已经发生了变化。房地产是中国碳排放最大的一个行业，在目前全世界都在倡导低碳理念的背景下，节能、低碳的行为可以使房地产开发商获得更佳的市场机会。国内几家大的房地产企业，如万科、招商地产、锋尚国际等，已经开始通过开发一些示范性、实验性的节能建筑来表达自身绿色环保节能的意愿。这是建筑节能发展初期，开发商以此来试探消费者对节能建筑的接受程度，另一方面，也是通过这些已经通过国际认证的节能低碳建筑来展示企业的前瞻性与社会责任，提升企业形象。尽管存在正外部性，但如果开发企业能够克服短期目标和风险规避两个特性，将建筑节能作为未来的竞争优势，从长期来看，正外部性可能消失。但毕竟有这种长远眼光的企业廖廖无几，因此，政策干预仍是建筑节能市场发展的需要，开发企业存在强烈的政策需求。

制度障碍也是开发企业产生政策需求的动因。比如，原有政策体系不能适应新的低碳、节能理念要求等。以土地增值税这一调控工具为例，目前采用预征和清算的模式征收，但在计算房地产项目征税主体时，低碳地产项目在低碳环节的相关投入并没有计入成本范畴，而是被和其他普通项目一样，只扣除土地、建筑安装的普通成本后，一并征税。开发企业在低碳节能方面的额外投入反而给项目带来更沉重的税收负担，严重影响开发积极性。

再如，容积率的计算也存在不利于节能建筑发展的问题。节能建筑为了达到保温效果，往往外墙较厚，在容积率计算上却并没有考虑这一因素。建筑节能发展既需要新的政策安排，也需要对已有政策安排进行修正，否则会出现政策冲突，或新的政策安排无法发挥作用的情况。

二 消费者的政策需求

市场上的消费需求是开发企业最关心的事情，换句话说，节能建筑供给方的供给动力依赖于消费者的需求。上一节提到节能建筑开发企业对于短期的成本更为关注，而对于长期的个人收益（能源费用的节约、健康）和社会收益（二氧化碳排放的减少）都较少关注。理论上讲，大部分理性的消费者都应该是节能建筑的支持者，但是由于信息的缺乏、市场的封闭、风险的不确定性、各种动机的混杂、政府引导的不力以及各种自相矛盾的价格信号等不利因素的影响，使得消费者对是否真正需要节能建筑、为之要付出多大的经济投入感到茫然。

首先，消费者同样更关注短期利益。传统建筑采取节能措施后，造价一般提高约 7%—10%，虽然这对于每平方米动辄上万的房价来说，成本增加不算太多，但由于多数消费者在购买房屋时很少考虑使用过程中的成本，更关注住宅售价，导致开发商更乐意把钱花在环境美化、建筑外立面等"面子"工程上。有研究表明，消费者所能接受的节能投资的回报期为两到三年，也就是说消费者最为关注的还只是短期利益（DeCanio 1993；Geller 2003；Greene and Schafer，2003）。所以，尽管很多节能技术在国外已经应用得非常成熟，但国内的使用比例却很低。要改变消费者的偏好就需要完善相关政策，引导消费者的选择，也就间接激励开发企业增加节能建筑的供给。

其次，信息障碍是阻碍节能建筑发展的障碍之一（Sanstad et al. 2006）。消费者很难掌握产品未来的运行成本，是更有效还是无效，也就很难做出投资决定。关于这个问题已有大量的研究。节能技术或产品的供给者清楚地知道它们能给消费者带来的事后收益，但是供给方却不能把这些信息完美地传达给购买方，因为目前节能的效益是无法被观察到的（Howarth and Sanstad，1995）。每个产品供给者都有动机把产品的能效描述得很高，但因为购买者无法观测到能效，因此他们往往会忽视产品的这一属性。Howarth and Andersson（1993）曾经建立了一个模型，模型中包含了信息传达过程中复杂的交易成本，形式化地描述了这些环境因素是如何导致能源节约方面的投入不足的。在此，交易成本被认为是导致市场失灵的原因。如果信息是完备的，消费者成本最小化的行为选择就会实现个人产出的最大化；相反，如果信息缺乏，就会导致行为失灵，以至于消费者无法在做出现在的能效投资决定时，将未来在能源成本上的节约考虑进去。

建筑节能改造市场的信息不对称体现在开发商掌握着建筑所采用的技术、材料、设计、施工等信息，无论是政府还是消费者对建筑是否节能、节能程度等信息的掌握是不完全的。或许他们容易获得某种技术或设备的信息，但是却很难详细了解到这些技术会产生怎样的效果。为政府部门提供节能技术选择的全部信息是非常困难的，而且成本很高。与此相似，消费者所掌握的技术信息也是不完全的，在这种情况下要了解节能技术的效果和成本自然很困难。比如，大多数的人都知道节能设备的价格，但是却无法完全了解使用这种设备最终可以节省多少电费。信息不完全和不对称导致消费者很难做出理性的决定。

第三，"边用边学"模式存在正外部性。"边用边学"指的是一种新的节能产品问世，这时多数人会选择先观望的策略。这是在节能建筑发展初期，消费者的普遍态度。也是新技术、新产品获得市场份额的必由之路，但由于正外部性的存在，也就是最先使用这些产品的人通过使用获得了关于这一产品的相关知识，而另外的人就可以免费得到关于这一产品特征、性能方面的信息，会使得先行试用者没有积极性，从而影响技术和产品的市场推广，这一阶段是需要政策干预的，在市场转型完成之后，干预可逐步退出，由市场调节。

第四节　小结

本章研究的是我国建筑节能政策需求。从制度经济学关于制度需求的定义和动力机制入手，分析了我国建筑节能领域的政策需求产生机理。

制度需求是指制度服务的接受者的需求或社会需求。从制度变迁角度看，制度需求指的是对制度变迁的需求，之所以会产生对制度变迁的需求是因为单个行为主体要谋求在现存制度下得不到的利益。制度需求的动力机制包括：因外部环境变化而出现新的获利机会使得制度接受者预期获得更多收益；因制度提供者和制度接受者之间利益矛盾，而使得制度接受者出现摆脱制度束缚以打破原有的利益格局的动机。

目前，我国正处在加快经济发展方式转变和城镇化水平迅速提高的阶段，建筑能耗将大幅提高，但我国节能潜力很大，建筑节能对于我国低碳转型的实现十分重要，对于政策的需求也十分紧迫。

另外，房地产开发企业和消费者作为建筑节能领域最有代表性的微观经济主体，均有强烈的政策需求，要实现建筑节能的社会目标，就必须通过政策设计充分调动微观经济主体的主动性。我国经济社会发展战略已经预告了建筑节能未来的获利机会，在一定程度上改变着开发企业和消费者的预期，而正外部性、信息不对称和体制政策障碍等问题的存在，是微观主体对建筑节能政策产生需求的本质原因。

在本章分析得到建筑节能领域的微观经济主体存在强烈政策需求的基础上，下一章将集中分析和讨论我国建筑节能政策供给的现状。

第四章

我国建筑节能政策供给分析

第三章论述了包括中央、地方政府和微观经济主体在内的建筑节能各个利益相关者都有政策需求，也就意味着潜在的政策供给已经存在，至于这种潜在的政策供给能否转变为实际供给而使政策需求得到满足，就是本章要研究的问题。本章将介绍我国现行建筑节能政策体系，在此基础上，分析我国建筑节能政策供给的特点及存在的问题。

第一节　导言

制度供给的主体既可能是中央政府、地方政府，也可能是企业、中介组织和个人。不同类型的主体在制度供给中的动力不完全一致。西方国家的制度变迁模式是"由一个人或一群人在响应获利机会时自发倡导、组织和实行的"自下而上的制度变迁①，被称为诱致性制度变迁。而我国实行的是"由政府命令和法律引入实行"的自上而下制度变迁②，属于强制性制度变迁范畴。因此，在我国经济社会发展中，政府提供新的制度安排的意愿和能力决定着制度变迁的程度和效果③。前文已经界定过，这里的"制度安排"就是本书所说的"政策"，也就是说政府提供新政策的意愿和能力决定

---

① 林毅夫：《关于制度变迁的经济学理论：诱致性变迁与强制性变迁》，《卡托杂志》1989 年春夏季号。

② 同上。

③ 杨瑞龙：《论制度供给》，《经济研究》1993 年第 8 期。

着政策供给的效果。

在我国一系列的经济社会活动都是在党中央和国务院领导下有计划、有步骤、分层次进行的制度创新，政策的目标、方向、具体安排都由国家统一制定规划、指定行政主管部门，然后分级执行，虽然政策的制定也是基于社会不同利益主体的需求，但很大程度上还是由中央政府的政策供给来推动的。所以说，在中国，政府是政策供给的主要主体，也就是说这种强制性的制度变迁实际上是政府供给主导型的制度变迁。

由于政府主体与微观经济主体目标函数与约束条件的差异，对新政策成本与收益的预期值是不一致的，在政府供给主导型制度变迁中，政府主体的政策供给与微观经济主体对政策的需求出现差异是很难避免的。只有政策供给适应政策需求，各个相关主体利益都得到满足，不再有改变现有政策状态的意愿，政策均衡的状态才会实现。可见，政策供给是对各个主体利益格局的调整，均衡的实现条件是各个主体的个体目标与社会目标一致。

我国建筑节能政策供给也是以政府供给为主体，政策设计者对于微观经济主体需求的考虑直接影响政策效果。下文将主要分析我国建筑节能政策体系，对照微观经济主体的政策需求，评价政策供给效果，为下一步的政策设计提供依据。

第二节　我国建筑节能政策体系

我国的建筑节能政策体系由行政法规、部门规章、规范性文件、标准、规划和地方性政策，国家节能政策、建筑政策、材料和技术政策中与建筑节能相关的部分共同构成。

一　建筑节能标准

建筑节能标准体系是我国推动建筑节能工作的重要手段。从 20 世纪 80 年代起，我国就开始为民用建筑建立相应的建筑节能标准。1986 年建设部发布了我国第一部民用建筑节能设计标准，即《民用建筑节能设计标准》[1]。该标准适用于严寒、寒冷地区[2]的采暖居住建筑，提出了节能 30% 的节能目标。1995 年建设部对该标准进行了修订，发布了《民用建筑节能设计标准（采暖居住建筑部分）》，并首次提出了节能 50% 的建筑节能目标。随着南方建筑节能工作的开展，原建设部分别于 2001 年和 2003 年批准了《夏热冬冷地区居住建筑节能设计标准》和《夏热冬暖地区居住建筑节能设计标准》，这两个标准都制定了 50% 的节能目标，更注重对遮蔽系数和安装玻璃的要求，因为在夏热冬冷和夏热冬暖地区，采光遮阳是非常重要的问题。

上述三项标准均属于建筑工程技术规范，是行业标准。2005 年，国家标准《公共建筑节能设计标准》（GB 50189—2005）出台，主要应用于新建公共和商用建筑，包含采暖、制冷、通风、空调和照明节能 50% 的目标。同期出台的还有《建筑节能工程施工质量验收规范》。两者把建筑节能设计和验收的标准从原来的行业标准提升到国家标准。

2006 年 8 月中旬，建设部与国家质检总局联合发布了《居住建筑节能设计标准》（征求意见稿），该标准将现有的三个行业标准《民用建筑节能设计标准（采暖居住建筑部分）》、《夏热冬冷地区居住建筑节能设计标准》、《夏热冬暖地区居住建筑节能设计标准》统一修订补充，成为继《公共建筑节能设计标准》之后又一建筑节能国家标准[3]，两大国家标准组成了我国民用建筑节能领域节能设计完整的国家标准。

无论是行业标准还是国家标准均为强制性标准，属于行业和国家法规，违反要承担相应的处罚。强制性标准对于节能工作是必要的，但是国内外的实践都证明，仅有强制性的标准往往会压制主体的积极性，不利于主体寻求更高的节能目标。2006 年 3 月，《绿色建筑评价

---

① 武涌：《民用建筑节能条例》解读，《城市住宅》2008 年第 11 期。

② 我国分为"严寒"、"寒冷"、"夏热冬冷"、"夏热冬暖"和"温暖"五大气候带，节能标准因不同气候条件有较大差异。

③ "节能建筑新标准呼之欲出"，《中国环境报》2006 年 8 月 31 日。

标准》（GB/T50378—2006）颁布，标志着我国建筑节能设计标准开始走向强制性标准与自愿性标准相结合。该标准涉及所有的新建建筑和建筑扩建与翻新（包括居住建筑和公共建筑），评估包括建筑的整个生命周期的性能监测和经济评价。评估的主要标准是节约土地和环境保护、节能和能源使用、节水和用水、节约建材和资源利用、室内空气质量和管理（民用住宅）以及生命周期的性能（公共建筑）。

表 4 - 1　　　　　　　　我国建筑节能设计和验收标准

年份	名称	节能目标	标准代码
1986	民用建筑节能设计标准（采暖居住建筑部分）	30% 节能目标	JGJ 26—1986
1993	民用建筑热工设计规范		GB 50176—93
1993	旅游旅馆建筑热工与空气调节节能设计标准		GB 50189—93
1995	民用建筑节能设计标准（采暖居住建筑部分）	50% 节能目标	JGJ 26—95
2001	既有采暖居住建筑节能改造技术规程		JGJ 129—2000
2001	居住建筑采暖节能检验标准		JGJ 132—2001
2001	夏热冬冷地区居住建筑节能设计标准	50% 节能目标	JGJ 134—2001
2003	夏热冬暖地区居住建筑节能设计标准	50% 节能目标	JGJ 75—2003
2005	公共建筑节能设计标准	50% 节能目标	GB 50189—2005
2006	绿色建筑评价标准	非强制	GB/T50378—2006
2007	建筑节能工程施工质量验收规范		GB 50411—2007

注：GB 指国家标准；JGJ 指建筑工程技术规范。

国家标准和行业标准的制定要全面考虑标准覆盖区域的平均水平，标准过高会让有的区域难以承受，但是各省市可以根据自身经济和社会发展状况确定高于国家标准的地方建筑节能设计标准。北京、上海、天津和重庆四个直辖市率先设立建筑节能 65% 的标准，超过50% 的国家标准。目前，全国许多城市都已经开始或即将要执行节能65% 的标准。北京市目前正在制定"十二五"建筑节能规划，计划将居住建筑节能标准提高到节能 75% 的水平。

目前，我国民用建筑节能标准体系已基本形成。覆盖全国各个气候区的居住和公共建筑节能设计，从采暖地区既有居住建筑节能改造，全面扩展到所有既有居住建筑和公共建筑节能改造，从建筑外墙外保温工程施工，扩展到了建筑节能工程质量验收、检测、评价、能耗统计、使用维护和运行管理，从强制性标准扩展到强制性和自愿性标准共同使用。

二　建筑节能法规与规章

相对于 1986 年就颁布的建筑节能设计标准来说，国家和地方层面的建筑节能的法规规章的集中出台时间相对较晚，基本上是从 2000 年才逐步开始的。

2000 年，原建设部颁布了《民用建筑节能管理规定》（建设部令第 76 号），以行政法规的形式对建筑节能工作提出了具体要求；2005 年 11 月，建设部根据实际工作情况对此规定进行了修订，颁布了新的《民用建筑节能管理规定》（建设部令第 143 号）。2008 年 10 月 1 日，《民用建筑节能条例》和《公共机构节能条例》同一天开始实施，是目前级别最高的建筑节能专门性法规，特别是《民用建筑节能条例》，针对、新建建筑尚未全部达到民用建筑节能标准、既有建筑节能改造举步维艰、公共建筑耗电量过大、供热采暖系统运行效率低和缺乏有效的民用建筑节能激励措施等问题而立法[1]。在我国建筑节能工作开始 22 年之后，对于我国建筑节能发展意义重大。

笔者汇总了我国建筑节能相关的政策法规（如表 4 - 2 所示），包括节约能源政策中与建筑节能相关的法律、部门规划、规范性文件和建筑节能政策。我国从"十一五"时期对节能重视程度明显提高，建筑节能相关政策也在这一时期密集出台，逐步形成了清晰的建筑节能发展战略。从已经出台的建筑节能政策可以看出，我国建筑节能工作的重点领域是：新建建筑节能、既有建筑节能改造（特别是北方采暖地区供热体制改革）、建筑用能系统节能运行管理和可再生能源建筑应用[2]。

---

① 国务院法制办、建设部：《民用建筑节能条例》释义——国务院法制办负责人就《民用建筑节能条例》答记者问。

② "可再生能源建筑应用"不在本书研究范围之内，因此未在相关政策法规中列出。

表 4 - 2　　　　　　　我国建筑节能相关政策法规

节约能源政策	法律	中华人民共和国节约能源法（2008.4.1）
		中华人民共和国可再生能源法（2006.1.1）
	部门规章	中国节能产品认证管理办法（1999.2.11）
		能源效率标识管理办法（2005.3.1）
		城市供热价格管理暂行办法（2007.10.1）
	规范性文件	国务院关于做好建设节约型社会近期重点工作的通知
		国务院关于加强节能工作的决定
		国务院关于印发节能减排综合性工作方案的通知
		国务院批转节能减排统计监测及考核实施方案和办法的通知
		国务院办公厅关于严格执行公共建筑空调温度控制标准的通知
		关于印发"十一五"十大重点节能工程实施意见的通知
		关于加强政府机构节约资源工作的通知
		关于加强热电联产管理的规定
		关于进一步做好热电联产项目建设管理工作的通知
		关于印发《关于城镇供热体制改革试点工作的指导意见》的通知
		关于印发《城镇住宅供热计量技术指南》的通知
		节能技术改造财政奖励资金管理暂行办法
	规划	节能中长期专项规划（2004.11）
		可再生能源中长期发展规划（2007.9）
		中国节能技术政策大纲
建筑节能政策	行政法规	民用建筑节能条例（2008.10.1）
		公共机构节能条例（2008.10.1）
	部门规章	民用建筑节能管理规定（2006.1.1）
	规范性文件	关于加快墙体材料革新和推广节能建筑意见的通知（1992.9）
		关于推进住宅产业现代化提高住宅质量的若干意见的通知
		新型墙体材料专项基金征收和使用管理办法
		关于新建居住建筑严格执行节能设计标准的通知
		关于发展节能省地型住宅和公共建筑的指导意见

续表

建筑节能政策	规范性文件	建设部关于贯彻《国务院关于加强节能工作的决定》的实施意见
		建设部建筑节能试点示范工程（小区）管理办法
		关于印发《建设部节能省地型建筑推广应用技术目标》的通知
		关于印发《绿色建筑评价标识管理办法》（试行）的通知
		关于加强国家机关办公建筑和大型公共建筑节能管理工作的实施意见
		国家机关办公建筑和大型公共建筑节能专项资金管理暂行办法
		关于推进北方采暖地区既有居住建筑供热计量及节能改造工作的实施意见
		北方采暖区既有居住建筑供热计量及节能改造奖励资金管理暂行办法
		高效照明产品推广财政补贴资金管理暂行办法

"十一五"期间，我国大部分省、自治区和直辖市均出台了建筑节能相关的地方性法规、部门规章和相关规划等，建筑节能工作得到了全面重视。其中，有 19 个省、自治区和直辖市出台了专门针对建筑节能的地方性法规（如表 4-3 所示），还有部分省市的法规已经进入立法程序，即将出台。

目前，我国的建筑节能政策已经初步形成较为完整的体系，从政策的权威层次来看，由法律、行政法规、部门规章、规范性文件、标准和规划组成，从政策的内容上看，主要包括：新型墙体材料推广、新建建筑准入、北方居住建筑供热计量和既有建筑节能改造、国家机关和大型公共建筑节能管理、绿色建筑示范、高效照明产品推广等。但是，要深入了解我国建筑节能政策安排和政策结构，还需要对每项政策进行具体细致分析，从政策工具或政策手段角度展开分析是较好的一种方式，有助于更清晰地看出建筑节能政策安排和政策结构。

表4-3 省/自治区/直辖市建筑节能政策体系

省/自治区/直辖市	政策类型	政策名称
北京	地方性法规	《北京市建筑节能管理规定》（2001）
	地方部门规章	《北京市既有建筑节能改造项目管理办法》（2008.5）
		《北京市供热采暖管理办法》
		《北京市建筑材料供应单位质量诚信评价管理暂行办法》
		《北京市推广、限制、禁止使用的建筑材料目录管理办法》
		《公共建筑室内温度控制管理办法》
	其他文件	《北京市"十一五"时期建筑节能发展规划》（2006.8）
		《公共建筑节能评估标准》
		《既有居住建筑节能改造技术规程》
		《民用建筑节能现场检验标准》
		《关于进一步推进供热计量改革工作的意见》
天津	地方法规	《天津市建筑节能管理规定》（2006）
		《天津市集中供热管理规定》（2004.6）
		《天津市墙体材料革新和建筑节能管理规定》（2002.1）
	地方部门规章	《天津市住宅采暖供热计量收费暂行办法》
		《天津市建筑节能技术和产品备案管理办法》（2007.8）
	其他文件	《天津市民用建筑节能与资源节约"十一五"发展规划纲要》
上海	地方法规	《上海市建筑节能管理办法》（2005.6）
	其他文件	上海市建设和交通委员会关于进一步加强本市民用建筑设备专业节能设计技术管理的通知
重庆	地方法规	《重庆市建筑节能条例》
		《重庆市可再生能源建筑应用管理办法》
		《重庆市可再生能源建筑应用补助资金管理办法》
河北	地方性法规	《河北省民用建筑节能条例》（2009.7）
		《河北省墙体材料革新与建筑节能管理规定》（2007.6）
	地方部门规章	《河北省既有居住建筑供热计量与节能改造实施方案》（2008）
	其他文件	《河北省建筑节能3年发展规划》（2008.3）
		"河北省国家机关办公建筑和大型公共建筑能耗动态监测系统"建设方案

省/自治区/直辖市	政策类型	政策名称
河南	地方性法规	《河南省民用建筑节能条例》（已经进入立法程序）
山东	地方性法规	《山东省新型墙体材料发展应用与建筑节能管理规定》
	地方部门规章	《山东省建筑节能审查监督暂行管理办法》
		《山东省新型墙体材料专项基金征收使用管理实施办法》
		《山东省新型墙材建筑节能技术产品应用认定管理办法》
		《山东省民用建筑能效测评标识管理暂行办法》
		《山东省既有居住建筑供热计量及节能改造技术导则》
吉林	地方性法规	《吉林省民用建筑节能与发展新型墙体材料条例》（2010.9）
	地方部门规章	《吉林省既有居住建筑供热计量及节能改造指导意见》
	其他文件	《吉林省"十二五"建筑节能专项规划》
辽宁	地方部门规章	《辽宁省民用建筑节能管理实施细则》（2006）
	其他文件	《辽宁省建设领域资源节约工作规划》
		《辽宁省"十一五"建筑节能工作规划》
		《辽宁省关于推进建筑节能工作的意见》
山西	地方性法规	《山西省民用建筑节能条例》
陕西	地方性法规	《陕西省建筑节能条例》（2007.1.1）
		《陕西省墙体材料革新与节能建筑管理办法》（2006）
	其他文件	陕西省人民政府办公厅关于建立GDP能耗指标公报制度的通知（2006）
江苏	地方性法规	《江苏省建筑节能管理办法》（2009.12）
	其他文件	《江苏省公共建筑节能设计标准》
浙江	地方性法规	《浙江省建筑节能管理办法》（2007.10）
安徽	其他文件	《2009年安徽省建筑节能工作要点》
		《安徽省建筑节能专项规划》（2008）
湖南	地方性法规	《湖南省民用建筑节能条例》（2010.3）
湖北	地方性法规	《湖北省建筑节能管理办法》（2006.1）
广西	地方部门规章	《广西壮族自治区新型墙体材料专项基金征收使用管理实施细则》
贵州	地方性法规	《贵州省建筑节能管理办法》（2006.1）
宁夏	地方性法规	《宁夏回族自治区民用建筑节能办法》
	地方部门规章	《关于印发2010年节能降耗预警调控方案的通知》

续表

省/自治区/直辖市	政策类型	政策名称
甘肃	地方性法规	《甘肃省民用建筑节能管理规定》（2008.9）
	其他文件	《甘肃省建筑节能"十一五"规划》（2006）
青海	地方性法规	《青海省建筑节能管理办法》（2004.7）
福建	地方性法规	《福建省发展应用新型墙体材料管理办法》（2007.9）
		《福建省建设工程常用建筑节能工程材料和产品质量检测管理暂行办法》
	其他文件	《夏热冬暖地区居住建筑节能指导意见》
		《福建省建筑节能"十一五"专项规划》
四川	地方性法规	《四川省民用建筑节能管理办法》（2007.12）
海南	地方部门规章	《海南省建筑节能检测管理办法》的通知（2008）
	其他文件	《海南省建筑节能"十一五"规划》

三　建筑节能政策工具

笼统地对建筑节能政策体系框架进行分析无法看出政策内在特点和可能的功能，因此需要对政策具体的条款和规定进行更细致的分析，笔者选择从政策工具视角出发，分别选择对微观主体行为影响最大的几项政策进行分析。

（一）限制性政策

1.节能情况需列入购房说明书

国务院《民用建筑节能条例》中要求开发商向消费者说明所销售房屋的能耗情况，目前，上海等许多城市也陆续出台相关法规，对于这一条的内容有更具可操作性的规定。

《上海市建筑节能条例（草案）》是上海建筑节能方面的首部地方性法规。条例中规定，"新建民用建筑销售时，建设单位应当在销售合同中载明建筑能源消耗指标、节能措施和保护要求、保温保修期等相关内容。"这样的规定有利于购房者清楚了解房屋节能性能，也有利于购房者和社会对建设单位的监督意味着除了房屋地段、面积、房型、小区环境配套等传统要素外，房屋的节能情况也可能成为上海市民购房时要参考的重要指标。

与上海有相似规定的还有湖南，不同之处在于《湖南省民用建筑节能条例》是对房地产开发企业有相应的规定，要求其在房屋销售现场公布所售房屋的能源消耗指标、节能措施和保护要求、保温隔热工程保修期等信息，并在房屋买卖合同和住宅质量保证书、住宅使用说明书中载明，对其真实性负责。

《宁波市节约能源条例》同样规定了房地产开发企业在销售商品房时，应当向购买人明示所售商品房的能源消耗指标、围护结构保温隔热性能指标等信息，并在商品房买卖合同和住宅质量保证书、住宅使用说明书中载明。

"开发商必须向消费者说明所销售房屋的能耗情况"这一规定是对开发商最直接的约束。随着消费者节能和环保意识越来越强，节能情况将逐步成为其选择住宅的重要参考指标之一，这一政策通过影响消费者决策来改变开发商行为，是非常有效的。

2. 对新建建筑节能设计标准实施情况严格监管

我国对新建建筑节能的监管要从源头抓起，即施工图纸设计文件审查检查相关单位在设计阶段是否按照立项时所规定的节能标准进行设计。2004 年《关于加强民用建筑工程项目建筑节能审查工作的通知》中就已经对建筑节能设计文件的审查提出详细的要求。2005 年，原建设部又再次发布《关于新建居住建筑严格执行节能设计标准的通知》和《关于认真做好〈公共建筑节能设计标准〉宣传、实施与监管工作的通知》两个通知，把对建筑节能设计标准的监管进一步延伸至施工、监理、竣工验收、房屋销售等各个环节。2005 年底，原建设部开展了全国范围的建筑节能的专项检查，其中施工图设计文件审查也是专项检查的重要环节。

新建建筑节能是我国建筑节能工作最早推进的领域，前文已经提到相关标准已经基本完善，配套的政策规定也已经到位，但政策效果并不好，原因在于政策执行不到位，执行过程缺乏有效监管。目前，我国建设主管部门采取专项检查的方式解决这一政策执行不力的问题，已经取得了相当明显的效果。但是，从长期看，还是需要建立有效的监管体制，代替目前的年度专项检查。

3. 北方地区城镇供热计量改革

北方地区城镇供热计量改革也是通过一系列强制性要求推进的。《天津市供热用热条例》中规定，新建住宅的供热设施应当符合国家现行住宅设计规范温度要求，并按照分户计量进行建设。既有住宅不符合国家现行住宅设计规范温度要求的，应当逐步进行建筑节能改造和供热系统改造，并按照计划逐步实行供热计量收费。热计量表要在检定合格后安装使用。同时，供热单位对供热设施进行单户分环改造时，应当严格执行施工规范。因实施单户分环改造给用热户装饰装修造成损坏的，供热单位应当予以修复。因违反施工规范给用热户造成损失的，施工单位应当承担赔偿责任。

河南规定达不到供热分户计量标准建筑项目不予竣工。新建建筑的室内采暖系统必须安装热计量和调控装置，具备分户计量的条件。凡是达不到要求的项目，相关部门将不予办理开、竣工手续。

供热计量改革的目的是要从根本上改变我国福利供热体制，与其他体制改革一样，改革之初阻力最大，只能通过国家强制性政策来启动，但是需要在强制推行一段时间之后，引入社会力量参与，共同推动改革。而且体制改革不仅仅是建筑节能领域的问题，还涉及社会多个部门、复杂的利益群体，需要更高层次的协调，方能从根本上解决这一问题。

（二）激励性政策

1. 鼓励新材料、新技术的政策

运用正确的节能技术、工艺、材料和设备，是建筑节能的关键。南京市规定，新墙材及建筑节能保温系统必须"持证"推广，获得推广证的保温系统产品方能享受退费政策，否则，一律不能享有返退资格。同时，相关部门正在研究拟定新型墙体材料提档升级、新墙材及建筑节能保温系统推广证两大方案，加大墙体材料和建筑节能保温系统质量控制。

《湖南省民用建筑节能条例》规定建设单位、设计单位和施工单位在建筑活动中使用列入国家和本省禁止使用目录的技术、工艺、材料和设备的，将由县级以上人民政府建设主管部门责令改正，建设单位、设计单位、监理单位等责任主体，将根据其违法情节被处以 10 万元至 50 万元不等的罚款，情节严重的可能被停业整顿、降低资质或者吊销资质证书。

最新版的《北京市推广、限制、禁止使用的建筑材料目录》草案将禁止或者限制使用一大批能耗高、安全性能差、不符合"低碳"理念的建筑材料。草案中包括禁止类产品 38 个、限制类产品 46 个、推广类产品 42 个。新版本第一次出台或会加大淘汰力度的 28 个，比前 5 批平均每批 12.6 个增加了一倍多。生产过程中污染环境的黏土砖、破坏耕地和植被的黏土以及可能危害人体健康的石棉瓦等一批能耗高、安全性能低的建筑材料，将会被禁止使用。该草案还将能耗高、光效低、温度高、安全性差的白炽灯列为限制产品，禁止在新建公共建筑和精装修住宅中使用。毛坯房竣工后至装修阶段使用率低，可以暂时安装廉价的白炽灯。

南京市对 2009 年出台的《南京高层建筑日照分析控制管理规定》和《关于颁布南京市建设项目容积率管理暂行规定等五项规划管理有关规定的通知》做出了一些调整。因为越来越多的楼盘都采取了节能技术，考虑到装节能设备可能会占据一些层高，原来住宅层高 3 米的规定相应放宽，住宅建筑因采用节能等新技术需增加建筑层高的，层高标准从 3 米放宽到 3.3 米。

重庆率先在全国实现了建筑节能设计分析软件的免费使用，有效解决了建筑节能设计和审查评价工具的问题，促进建筑节能技术水平的整体提高；推行建筑节能设计质量自审责任制，督促设计单位切实提高建筑节能设计质量；建立了建筑节能材料和产品的使用管理制度，开通了备案公告网络平台，并将通过该平台定期收集和发布建筑节能技术和产品生产、供应单位的诚信记录，充分发挥公众的监督作用，加强对建筑节能技术和产品使用环节的监督管理；加大了建筑节能经济适用安全建筑节能技术路线的推广力度，推动建筑通风等低成本节能措施的应用，进一步降低建筑节能增量成本。

各地为推动建筑节能新材料和新技术的发展所制定的各种政策手

段，体现出了地方政府的创新能力和创新潜力。这些政策值得建筑节能主管部门作为政策制定的参考。

2. 专项资金

为推动禁止使用实心黏土砖、促进节能建筑材料的生产应用，国家先后出台了一系列关于新型墙体材料专项基金的征收和使用管理办法。从 1992 年到 2008 年，国家先后出台了《关于加快墙体材料革新和推广节能建筑意见的通知》、《新型墙体材料专项基金征收和使用管理办法》、《新型墙体材料专项基金征收使用管理办法》和《新型墙体材料目录》。

这些办法以节能专项资金方式支持国家机关办公建筑和大型公共建筑节能工作，对国家机关办公建筑和大型公共建筑实施的节能改造以及可再生能源建筑应用示范项目予以补助。

除此以外的类似办法还包括《北方采暖区既有居住建筑供热计量及节能改造奖励资金》《可再生能源建筑应用示范项目基金》《节能技术改造财政奖励资金管理暂行办法》。

（三）信息公开政策

能效标识是最为重要的信息公开政策，通过不同的标识告知终端用户建筑和电器的能源效率，作为消费者决策的依据。能效标识分为强制性标识和自愿性标识。

1. 电器的强制能效标识

2005 年，"中国能效标识"成功建立并应用在第一批产品（冰箱和空调）上。标识把设备的能效分为从 1 至 5 的级别，并显示在标识上。第 1 级能效最高，而第 5 级最低。国家规定此后能效比低于 5 级的空调和冰箱不再生产，符合新能效标准的空调和冰箱必须加贴"中国能效标识"，才能在市场出售。

2. 建筑能效标识制度

建筑能效标识是有四个主要目的：1. 客观地反映建筑物的能源消耗；2. 指导建筑和房地产行业的发展方向；3. 提高公众对建筑节能的理解和认识；4. 加强监督和执行建筑节能的鼓励措施。

2005 年 11 月，建设部发布规定：房地产开发企业应当将所售商品住房的节能措施、围护结构、保温隔热性能指标等基本信息在销售现场显著位置予以公示，并在《住宅使用说明书》中予以载明，这是建筑领域能效标识制度的起步。2008年10月1日起开始实施的国务院《民用建筑节能条例》包含了上述标识内容，标志着我国建筑能效标识制度将得到全面推行。

2007年，住房与城乡建设部发布了中国第一个国家"绿色建筑评价标识"，从而自上而下地推动环境可持续的建筑市场向更加透明的方向发展。标识以星数进行分级，五个星代表可持续性的最高水平，根据暖通空调（HVAC）每平方米的能耗，能源有效使用率要达到50%以上。建筑外围结构和HVAC系统必须符合更高要求。另外，如果具备超过当前建筑节能标准的能源使用系统和技术等额外的得分项（如可再生能源），能源性能可以拿到最高分[①]。国务院建设主管部门将负责执行和监督能效评价和全国范围内民用建筑的能效标识，而地方政府的建设管理部门将在地方一级执行这项工作。

3. 门窗节能标识（制定中）

住房和城乡建设部对外公布，将在未来三年内对全国规模以上门窗企业的主要产品节能性能进行标识认证，促进获得标识的门窗产品在新建建筑和既有建筑节能改造项目中广泛应用。住建部同时要求，在今后建筑能效测评、工程招标过程中，应当采集门窗标识的信息。为了推动门窗节能标识性能的发展，住建部还要求，财政投资建设的办公建筑和大型公共建筑，以及保障性住房等项目，应优先采用获得节能标识的门窗产品。这一标识的酝酿是住建部为确保建筑节能取得实效的重要策略和方法。

总之，我国已经颁布的建筑节能政策体系中包含各种类型的政策工具，其中不少政策对微观经济主体的行为选择产生决定性的影响。但从总体上看，大部分政策属于强制性政策，更有利于激发微观经济主体积极性和主动性的激励性政策和自愿性政策（如能效标识）只

---

① Carmen Richerzhagen：《中国建筑节能：政策、障碍与机遇》，德国发展政策研究所（DIE）。

占很小比例，这与我国建筑节能工作开展时间尚短有关系，但随着建筑节能市场转型的逐步推进，需要更加丰富和完善的激励性政策，帮助市场尽快完成转型。

另外，政策能否取得预想效果，除了取决于政策内容之外，政策的实施机制也是决定性因素。

四　建筑节能政策实施机制

建筑节能政策的实施机制是整个建筑节能政策体系的重要内容，政策必须通过一定的机制予以贯彻才能发挥作用。我国建筑节能政策的实施机制主要由政府行使行政管理权来实现。

国内外的实践表明，建筑节能是属于市场机制部分失灵的领域，需要政府的宏观调控和引导。美国、德国和日本等很多国家，对于建筑节能都予以扶持。我国建筑节能市场作为一个新兴的领域，更需要政府的重视和支持。

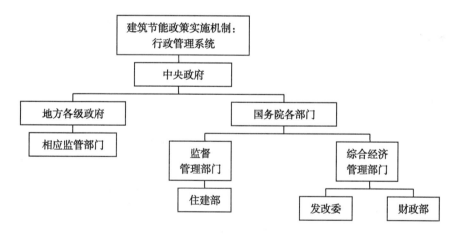

图 4 - 1　建筑节能政策实施机制中的行政管理体系

我国建筑节能政策实施机制的主要特点是：

第一，各级政府是建筑节能政策实施效果的关键。往往对于建筑节能工作十分重视的地方政府，当地的建筑节能工作都取得了显著的成效。《民用建筑节能条例》中对各级政府在建筑节能工作中的责任和义务做了相应的规定，包括：（1）加强对民用建筑节能工作的领导。各级政府应将建筑节能作为政府公共管理职能的一部分，纳入政府的工作目标，利用法律、行政、经济等手段进行有力地引导和干预；（2）积极培育民用建筑节能服务市场，健全民用建筑节能服务体系。建筑节能服务是建筑节能服务提供者为业主降低建筑的能耗所提供的检测、设计、融资、改造、运行、管理等节能活动。（3）推动建筑节能技术的开发应用工作。近年来，我国在建筑节能方面做了很大的努力，包括推广新型墙体材料和节能产品，但是，从总体上看，我国建筑技术水平还不能很好地满足实际需要，比如外墙外保温材料和技术、建筑节能检测技术等。（4）组织好建筑节能科技知识的宣传教育工作。从政府部门到开发商、投资商，从设计、施工、监理、物业管理人员到广大用户，普遍需要加强建筑节能意识和科技知识的宣传引导，需要加强普及教育，保证建筑节能在各个方面都具有足够的影响力和实施力度。

第二，建筑节能的监督管理工作由建设主管部门负责。国务院建设主管部门为住房与城乡建设部，住建部的监督管理职责主要包括组织编制全国民用建筑节能规划、国家民用建筑节能标准、推广禁止限制使用目录，会同有关部门制定建筑能效测评与标识的有关政策，组织制定供热单位节能管理、建设单位节能公示有关规定等。

各级地方政府建设主管部门是本行政区域内民用建筑节能工作的主管部门，对本行政区域内的民用建筑节能进行监督管理工作。其职责包括：组织编制本行政区域内的民用建筑节能规划；在规划、施工等环节对建筑节能审查、审批和监督检查；组织调查统计和分析本行政区域内既有建筑的有关情况，制定既有建筑节能改造计划；依法确定本行政区域内公共建筑重点用电单位及其年度用电限额；调查统计和分析本行政区域内国家机关办公建筑和公共建筑的用电情况，并向社会公布；调查统计和分析供热单位的能源消耗情况，制定供热单位能源消耗指标，并监督实施；以及依法对违法行为的处罚。

第三，发展与改革、财政税务等部门作为综合经济主管部门共同为建筑节能提供相应的保障。

我国建筑节能政策实施机制通过建筑节能标准、法规规章和其他政策手段发挥作用，建筑节能政策实施通过政府行使行政管理权来实现，与政策供给体系中以标准、法规、规章等强制性政策手段为主，其他政策手段为辅的政策结构相一致。

五 对已有政策体系的评价

总体上看，我国建筑节能政策体系已经初步形成了。首先，政策覆盖到建筑节能的各个方面，从新建建筑监管、北方采暖地区建筑节能到大型公共建筑和国家机关建筑用能系统管理，都制订了相关政策。其次，地方层面的政策体系也在近年内逐步建立，并进入实施阶段。再次，建筑节能实施机制有效运行，包括行政管理机制和资金机制等，为我国建筑节能政策的执行奠定了基础。

但是，通过对已有建筑节能政策体系的整理和分析，笔者认为其不足之处也是非常显著的。第一，经济激励政策较少，目前主要靠强制性政策推动我国建筑节能工作，政策手段单一。第二，地方政策中创新性政策手段较少，大多数的地方政策与中央政策一脉相承，各地政策体系雷同，体现不出地方经济发展、资源禀赋和生态环境方面的差异，这说明，地方政府在建筑节能工作中的主动性和积极性还有待提高。第三，从实施机制来看，行政管理机制为主，社会监管、第三方监管等机制尚未形成。

本小节只是针对政策体系本身存在的问题进行简单评价，对于政策体系全面系统的评价，要基于政策颁布后所产生的效果。笔者将在下一节对这一问题进行深入分析。

第三节 我国建筑节能政策供给效果评价

一 我国建筑节能的现状

目前，我国建筑节能主要开展了以下三方面的工作：一是新建建筑节能，二是既有建筑节能改造，三是公共建筑用能系统管理。本书根据研究的需要将从新建建筑节能和既有建筑节能改造两个方面深入讨论，需要说明的是，本书所定义的既有建筑节能改造与相关政策中出现的既有建筑节能改造的口径有所不同，本书的"既有建筑节能改造"包含两方面内容，一是北方采暖地区供暖体制改革①，另一是大型公共建筑节能。

（一）新建建筑节能现状

未来20年是我国城市化快速推进的时期，大量的农村人口将进入城市生活，需要建造大量的建筑。目前，我国平均每年新建建筑面积相当于世界每年新建建筑面积的40%，是全世界每年新建建筑量最大的国家，而且据专家预测这一过程还将持续20—30年，直到中国城市化水平稳定下来。

据统计，2009年，我国新增节能建筑面积近10亿平方米，形成900万吨标准煤的节能能力，这个数字相当于"十一五"前四年我国淘汰落后产能所形成的节能能力的10%，可见新建建筑是一个潜力巨大的节能领域。

"十一五"期间，国家在新建建筑节能方面的推动力度进一步加大，取得很大成绩。

（1）新建建筑节能标准执行率大幅提升。我国所有的新建建筑都必须严格按照节能50%或65%的标准进行设计建造，这是具有法律约束力的强制性标准。但在"十一五"初期，这一标准的执行情况并不乐观。住房和城乡建设部自2005年至2009年连续五年对全国建筑节能强制性标准执行情况进行专项检查（结果如图4-2所示），新建建筑节能标准执行率在设计阶段从2005年的53%增长到2009年的99%，在施工阶段从21%上升到90%。

除了专项检查之外，在国家和地方大力推动建筑节能的这五年内，出台了大量的法规和相关政策，对强制性节能标准执行率的提高

---

① 之所以只选择北方采暖地区，是因为我国南方地区建筑的单位面积能耗比发达国家同纬度地区的能耗低得多，只有后者的1/3左右，原因在于，我国的居住建筑基本采用分体式空调，空调使用时间和覆盖范围可以灵活调节，而发达国家居住建筑多数是用集中式空调，能耗较大。而北方地区则是同纬度国家的2—3倍，说明北方地区建筑节能特别是冬季采暖节能的潜力更大。

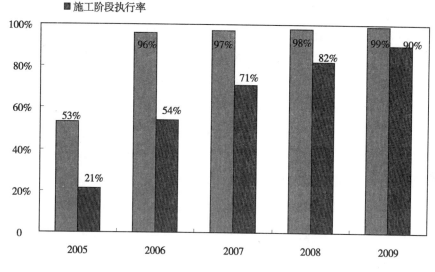

图 4 - 2　2005—2009 年新建建筑节能达标率历年变化

起到了积极的推动作用。而且目前北方地区绝大部分新增建筑都安装了供热分户计量装置，消除了未来供热能耗高的隐忧。

在推行强制性节能标准的同时，我国还推行绿色建筑标准，这一标准是非强制的，是建筑建成之后通过监测和评价来获得绿色建筑的国家认证。这一标准刚刚启动不久，已经有部分建筑通过申报和专家评审获得了认证。

（2）示范和试点工作取得良好效果。除了强制性和自愿性标准之外，示范和试点对于推动新建建筑节能也起到了关键性的作用。示范和试点包括省市、社区和单个建筑的节能示范。

住房与城乡建设部选择了四个样板城市，分别为上海、北京、天津和深圳，以获得经验，并得出在不同气候区域执行建筑节能政策措施的最佳实践。海南省则提出要建设"绿色建筑示范省"的目标，并出台了一系列保障措施。中新天津生态城是中国和新加坡两国政府的合作项目，在城市建设之初就提出要实现 100% 绿色建筑的目标。这些省市的实践为其他城市或地区的实践提供了经验。

北京、上海的地方政府利用北京 2008 年奥运会和上海 2010 年世博会来促进建筑节能，做法之一就是建设单个的节能示范建筑。北京奥运会的定位之一就是"绿色奥运"，在奥运场馆采用节能技术以节约能源和正确使用能源，如采用先进的建筑结构以减少热辐射，充分利用太阳能，自然通风和可能的节能技术。

上海世博会不仅是各国节能建筑的集中展示，也是节能建筑材料、产品的展示平台。陶氏化学的舒泰龙 TMXPS 保温板凭借其出色的隔热保温能力和周密的技术服务成为我国首座"零能耗"生态示范住宅"沪上·生态家"的保温材料，还是"法国罗纳—阿尔卑斯展馆"及"美国国家馆"的建筑保温材料。其中值得一提的是"法国罗纳—阿尔卑斯展馆"，它的建筑能耗低于 80 千瓦时/平方米/年，而我国一般的办公楼能耗是 800 千瓦时/平方米/年，因此它被称为是"办公楼中的节能先锋"。另外，世博园里 200 多个场馆的中央空调都是用天然气直接制冷，这不同于传统电空调须经五次能量转换，比传统空调节能 2 倍。

住房与城乡建设部设置"国家康居示范工程"、"全国绿色建筑创新奖"、"人居环境奖"等，都对建筑节能起到了推动作用。

(二) 北方城镇供热体制改革现状

北方采暖地区[①]为秦岭淮河分界线以北地区，秦岭以北的城市年二氧化碳气体排放户均基本都在 2.5 吨以上，而秦岭以南没有实行集中供热的城市每年户均二氧化碳气体排放一般都在 1.5 吨以下，相差近一倍，这说明北方供热领域节能潜力巨大。北方采暖地区城镇建筑面积约为全国城镇建筑面积的 1/10，但是却消耗了所有城镇建筑能耗的近 40%，在这 40% 中如果能够节能 30%，那将是一个巨大的数字。

北方绝大多数采暖地区居住建筑围护结构的热工性能比气候相近的发达国家差许多，外墙的传热系统是发达国家的 3.5—4.5 倍，外

---

① "北方采暖地区"是指北京市、天津市、河北省、山西省、内蒙古自治区、辽宁省、吉林省、黑龙江省、山东省、河南省、陕西省、甘肃省、青海省、宁夏回族自治区、新疆维吾尔自治区。

窗为 2—3 倍，屋顶为 3—6 倍（如表 4 - 4 所示），保温隔热水平为北欧等同纬度发达国家的 1/3—1/2[1]。从采暖方式来看，尽管集中供热普及率在不断提高，目前 70% 以上北方采暖区的建筑采用集中供热（其余为分散性采暖炉供热），但是供热体制和相关技术原因导致供热系统运行效率很低。

表 4 - 4　　　　　各国最近相关标准规定的围护结构保温性能

国家和地区		屋顶 （W/m² * ℃）	外墙 （W/m² * ℃）	外窗 （W/m² * ℃）
中国	北京居住建筑 （节能65%）	0.45（4层及以下） 0.60（5层及以上）	0.45（4层及以下） 0.60（5层及以上）	2.80
	夏热冬冷地区（长江中下游居住建筑）	0.8—1.0	1.0—1.5	2.5—4.7
英国		0.16	0.35	2.0
德国		0.20	0.20—0.30	2.0
美国 （相当于北京采暖度日数）		0.19	0.32（内保温） 0.45（外保温）	2.04
瑞典（南部）		0.12	0.17	2.00

冬季采暖是我国北方地区居民的基本生活需求，自建国以来，国家采取了强有力的措施保障北方地区城镇居民的冬季采暖问题，大力发展城镇集中供热事业。"职工用热、单位交费"的计划经济体制下福利供热制度长期延续下来。近几年，福利供热制度的弊端逐渐显现，由于企业破产、经济效益不好等问题普遍存在，集中供热的热费收缴难度越来越大，供热企业则因热费收缴不上，资金短缺，无力进行设施的维修和改造，供热质量越来越不稳定，同时造成了大量能源浪费。另一方面，因为按面积计算采暖收费方式，造成能源的极大浪费。热费与热量消耗无关，用户没有节能的积极性，温度高了就开窗散热，人离开了房子也不会想到关热节能。

要解决北方城镇采暖高能耗、低效率的问题，必须改革现有的福利供热体制，进行供热市场化改革，实现按用热量收费的机制。要实

---

① 康艳兵：《建筑节能政策解读》，中国建筑工业出版社 2009 年版。

现按用热量收费必须解决供热计量的问题。目前，供热计量和按用热量收费这两方面的工作都取得了一定进展。

北方地区供热计量改造面积大幅提高，供热计量收费面积也呈上升趋势。2006年，我国开始推行强制性的计量表安装，图4-3中左边代表我国已安装供热计量表的建筑面积，右边代表已按照供热计量收费的建筑面积，从过去四年的情况来看，供热计量收费面积以每年翻一番的速度发展，2009年更是增长了3倍。仅既有建筑改造方面就可以形成每年节约75万吨标准煤的能力，减排200万吨二氧化碳。只是与我国集中供热面积（如表4-5所示）相比，供热计量装表面积还不到10%，供热计量收费面积更低。

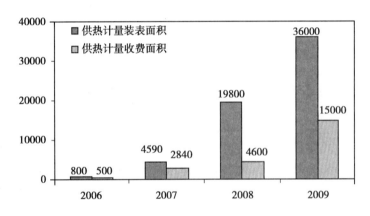

图4-3 北方地区住宅供热计量面积（万平方米）

表4-5 2006—2008年全国城市集中供热情况表

年份	供热能力		供热总量		集中供热面积（万 m²）
	蒸汽（t/h）	热水（MW）	蒸汽（万 GJ）	热水（万 GJ）	
2006	95204	217699	67794	148011	265853
2007	94009	224660	66374	158616	300591
2008	94454	305695	69082	187467	348948

（三）大型公共建筑节能现状

将单幢建筑面积超过2万平米且采用中央空调系统的星级酒店、

大中型商场、高级写字楼以及影剧院、体育场馆、机场、车站等各类服务于公共使用要求的建筑定义为大型公共建筑。我国大型公共建筑面积不足城镇建筑总面积的4%，但能耗却占我国城镇建筑总能耗的20%以上。面积较小、不使用中央空调的一般公共建筑，单位建筑面积年电耗为40—60kWh；而面积较大且采用中央空调的大型公共建筑，单位建筑面积年电耗高达70—350kWh，是普通居民住宅的10—15倍。因此，大型公共建筑是建筑能源消耗的高密度领域。

大型公共建筑高能耗是由于对建筑用能系统管理不力造成的，特别是空调系统耗电。我国的建筑节能工作除了新建建筑节能、既有建筑节能改造之外，还有一项重要工作就是建筑用能系统运行节能。建筑物用能系统通常主要包括采暖空调、通风照明，以及热水供应等，以往在建筑物用能管理中，只重视建筑物围护结构的保温隔热性能改善，很少顾及对建筑物用能系统的节能运行管理。

需要说明的是，本书所提到的"大型公共建筑能耗"指大型公共建筑除采暖之外的电耗，因为大型公共建筑内部产热量大，采暖能耗甚至低于住宅和一般公共建筑。

大型公共建筑用能系统管理要从建筑能耗测定和用能系统监测入手，这方面的工作正在推进。我国已经完成了将近三万多栋大型公建能耗的测定，并已对700多栋建筑进行实时动态监测，对这些建筑每时每刻的能耗和二氧化碳气体的排放都能够了如指掌，而且按年度进行排名，对节能效果好的进行表扬，对排名靠后的进行强制性改造。目前，北京、天津、深圳等地已经建立了建筑能耗的在线监测平台，江苏、内蒙古、重庆等地已被确定为第二批能耗监测平台建设的试点。

如果从1995年我国首次提出了节能50%的建筑节能目标算起，我国建筑节能工作已经开展15年了，但从上述分析来看，建筑高耗能状况并没有得到根本性改变，我国建筑节能还存在很多障碍。

二　我国建筑节能的障碍分析

（一）新建建筑节能面临的障碍

（1）新建建筑节能标准的执行存在较大漏洞。我国建筑节能工作首先要从新建建筑严格执行国家节能标准做起。但是这项工作还存在一些薄弱环节：比如施工环节现在还有 10% 左右的建筑没有严格执行节能标准，在施工过程中偷工减料，擅自变更设计图纸，施工质量验收规范执行不到位。中国建筑科学研究院在 2004 年至 2005 年期间对北京的供热计量试点小区的建筑能耗进行了测试，其中按照 50% 节能标准设计的小区，平均只能达到 30% 节能标准的能耗水平；而个别按照 30% 节能标准设计的小区其建筑能耗的水平基本相当于非节能建筑①。这一组数据从侧面反映出节能建筑施工过程中存在的问题。

另外，中小城市和村镇普遍还没有执行强制性节能标准，而且普遍缺乏建筑节能的材料、产品、部品的节能性能的检测能力，这意味着还有 40% 左右的建筑没有纳入国家的强制性节能标准管理范围，如此大比重的新建建筑无法确保符合强制性标准，说明我国建筑节能标准执行和监管方面还很薄弱。

（2）节能材料和技术不能满足市场需求。我国能达到节能标准的经济、适用、稳定可靠的材料还没有形成体系，比如外墙围护结构体系、高效的供热制冷系统，存在的一些技术细节问题导致开发商在技术选择上存在顾虑。在目前节能材料和相关技术产业化水平不高的情况下，招投标制度在一定程度上导致了低价的非节能技术更具市场竞争力。

我国建筑节能技术主要是企业自主研发，因此只有企业层面的技术标准，国家对节能材料和技术市场没有约束力，更没有统一的国家标准；对市场上各种鱼目混珠的建筑节能技术和产品也缺少有效的监管制度。这都导致节能材料和技术无法满足市场需求。

（3）节能建筑走向"高档化"、"贵族化"。市场上很多节能建筑示范项目因为采用进口材料和高端技术，聘请国外著名设计师进行设计，成本大增，使得这些建筑与"高端"和"昂贵"联系在一起。

① 吕石磊、武涌：《北方采暖地区既有居住建筑节能改造工作的目标识别和障碍分析》，《暖通空调》2007 年第 9 期。

很多有实力的开发企业都选择开发高端节能建筑作为其开拓节能建筑市场的切入点，这与政府倡导的通过科学的设计、简单的技术来实现建筑节能的低成本甚至无成本是背道而驰的。之所以会出现这样的矛盾，是因为对于开发商来说，高端产品符合目前消费者的偏好，即对"看得见"的外观和舒适度的要求远大于对"看不见"的节能效益、环境效益的要求，利润空间大而风险小。而对代表大多数人利益的政府来说，从社会公平角度出发，希望通过舒适度与建造成本之间的平衡推动节能建筑"平民化"，而实践也已经证明这种平衡是可以实现的，只是目前的市场还不能自动做出理性选择，需要充分利用政策杠杆进行调节，改变开发企业的投资决策。

（4）存在伪造、冒用国际知名建筑标识现象。国内节能建筑、绿色建筑吸引消费者、获得信任的手段之一是申请国际上有名的建筑标识认证，比如美国 LEED、英国 BREEAM、日本 CASBE 等。近年来也有伪造或冒用这些标识的楼盘出现，比如"联合国人居奖"，我国有超过 200 个楼盘自称获得"联合国人居奖"，但住建部表示这一奖项是由联合国人居署颁发的，但从未授予中国任何一个商业楼盘。再如，"美的空调节能惠民数据造假，骗取国家补贴"的报道也受到很大关注。我国能效标识采用的是自我申明模式，目的是为了降低行政管理成本，也降低企业成本，而且这是国际通用的实施模式，但由于我国配套实施体系不完善，社会诚信体系未建立，给了企业以节能为借口欺骗消费者的空间，严重影响我国节能产品市场秩序。

总之，新建建筑节能面临的障碍可概括为两点：一是市场，另一是监管。市场尚未形成或者说目前的市场还不能引导市场主体做出理性选择，因此对监管有需求，监管不一定是政府监管，也可以是第三方监管，包括非政府组织、公众、媒体、学术界等。

（二）北方城镇供热体制改革的障碍

北方采暖地区既有建筑节能改造的核心是实行供热计量，只有用户能对热量进行有效调节，能耗才能降下来。同时，改变按面积收费的供热体制，结束福利供热，也是既有建筑节能改造推进的前提条件，但是对计划经济时期所形成的供热体制进行改革遇到了巨大的阻力，几乎停滞不前。原建设部于 2003 年首次提出供热体制改革，并宣称要用三年的时间完成从试点到全面改革的实现，但是将近七年的时间过去了，仍然看不到供热体制改革成功的曙光。

供热体制改革从供热计量改革开始，推行难度很大，主要表现在：

1. 供热计量改革的技术障碍

供热分户计量不是简单的技术，热传递有三种方式：对流、辐射和传导，这种特性决定了热计量不像水和电那样，流量就是用量。热量可以通过墙壁、楼板传递，用户可能要为邻居的使用付费，这就需要合理的技术。

供热计量政策密集出台、试点范围不断扩大的形势，似乎意味着我国供热分户计量的技术难题已经解决。因为不克服技术障碍，政策就没有根基。但是，随着各个试点城市完成了分户供暖，要进入计量收费的关键阶段时，前期所使用的技术却出现了问题。

以哈尔滨为例，哈尔滨从 2002 年开始供热体制改革试点，已完成计划的计量装置安装面积，虽然收费率已经由 60% 提高到 90%，但至今仍未执行计量收费制度，改革的核心还未完成。哈尔滨供热部门提供的资料显示，由于使用的供热管线基本都是铁管，极易氧化生锈恶化水质，而选用的热表却对水质要求较高，导致计量热表无法准确读取热量数据。另外，原计划是在每户入户管道处安装一块供热计量表，居民可通过遥控器设定温度，控流装置通过每半个小时一次的自动检测，检测室温是否达到了居民设定的室温标准，没达到则打开开关进行供热，达到标准则切断开关停止供热。抄表员读取控流装置的数据，将数据导入计算机按照固定的计算方式，算出居民的用热量及需缴纳的费用。但是，试行过程中由于计量和调控设施失灵，无法调温，居民不知道自己节省了多少热量，物业公司只能按照面积收取费用，供暖结束后根据计量表记录的用热量再核算费用，多退少补。

但是，业内专家认为这些技术问题都是可以解决的，供热计量始于 20 世纪 70 年代欧洲，国内也已经具备了较为完善的供热计量技术，现在国外已有非常成熟的技术。包括：热量表法、热分配表法、时间面积通断法、流量温度法等，据统计，目前按不同方法生产热计量设备的企业已有 200 多家。自 21 世纪初开始推动供热计量改革后，许多热计量企业看好本行业市场前景，但因为没有充分开发，很多技术难以推广。

2. "只分户、不计量" 背后的利益计算

供热计量改革已经从分户供暖推进到了计量收费阶段，后者比前者遇到的阻力大得多。只分户安装计量设备、不进行计量收费，真的只是因为技术方面存在障碍吗？试点城市的实践显示，供热计量推行最大的阻力来自于供热企业，供热企业短期利益因供热计量改革而受损，才是计量收费推进困难的根本原因。

因为热计量的收费最高不超过按面积计费的标准，居民可以自己调节室温，节约了热量，供热企业收益就减少了。取消以面积计价收费方式，实行按用热量计价收费方式，是供热体制改革的目标，也符合建筑节能的总体目标，但是这一目标要实现，还需要理顺原有体制形成的利益关系，这是个艰难的过程，是任何一次改革都要面对的。另外，由于实施计量收费，供热企业需要投资改造、提高管理和技术水平，短期企业收益会受影响，部分供热企业态度不积极。

为了推进供热计量改革，住建部曾要求新建建筑必须要安装计量表才可竣工验收，因为竣工验收影响的是开发企业利益，于是开发企业为了应付验收而安装价格低廉但质量不合格的计量表，到了有条件实施计量收费的时候，供热企业才发现计量装置不合格。这种现象非常普遍，也说明上一节提出的技术障碍的背后还有对供热计量阻碍更大的体制障碍。

3. 既有建筑围护结构改造不与供热计量改革同步

除了供热体制造成的采暖热能利用效率低之外，建筑的保温隔热和气密性能差，热量损失大，也是造成采暖能耗高的重要原因。房屋建筑的墙体围护结构同时起着保温和蓄热两方面的作用，不同的供热采暖方式对墙体围护结构的热工特性要求也有所不同，特别是房屋住宅建筑随着供热采暖方式的多样化，热工动态特性对供热采暖系统节能的影响也很大，因此需要从保温和蓄热两方面对墙体结构进行系统

的分析。这就意味着，房屋建筑节能的实现必须靠墙体围护结构和供热采暖节能有机结合。一般认为，采用保温隔热性能高的新型墙体和门窗材料，可提高 30% 左右的居住建筑节能水平；安装室内温控、计量设施，实行按用热量计量收费，可进一步促进居住建筑节能 20% 至 30%。

目前，北方采暖地区的既有居住建筑节能改造主要是结合供热计量改革进行的，这样的结合存在着较大的漏洞，许多试点省市开展了供热系统分户计量改造，在这个过程中对围护结构的节能改造考虑很少，因此，并非真正意义上的节能改造。总体来说，北方采暖地区的既有居住建筑节能改造是零星的、分散或自发性、探索性的，未形成较大的规模和体系。

供热体制改革与建筑节能有着密切的联系。降低能源消耗本身就是供热体制改革的目标之一。从国外供热改革的历史来看，仅仅通过供热体制改革，其他方面不改变就能达到 30% 的节能效果。福利供热改革之后，住房热量的维护、建筑的节能都能在改革过程中得以实现，而如果没有供热体制的改革，建筑节能也就更缺乏动力。但是从许多地方执行供热体制改革的情况来看，地方进行热改的初衷是为了解决供热费收缴难的问题，因此，在进行改造的过程中并没有将降低建筑能耗，提高居民居住舒适度并节约费用作为改造目标，甚至没有安装分户分楼计量设备，这种只以眼前利益为目标的改造方式，为以后的工作留下了更多的难题，多年后还要重复改造。

（三）大型公共建筑节能的障碍

（1）追求建筑外观，忽视国家强制性节能标准。大型公共建筑节能设计要遵从的是《公共建筑节能设计标准》（GB 50189—2005），但在所有的建筑类型中，大型公共建筑是最不容易达到国家强制性节能标准的，因为大型公共建筑几乎都是商业建筑，其价值要通过建筑外观来提升，业界的普遍观念是建筑没有华丽的外表就没有艺术性，导致大型商业建筑重艺术、轻技术。在商业建筑的评级标准中，智能化程度、装修标准、配套设施完善程度、电力承载等是重要指标，单位面积能耗、绿色设计都不在其中。

许多地方的政府工程对节能重视不够，也带来"上行下效"的不良影响。各地都在建地标性建筑，片面追求建筑外观的标新立异，却不曾将绿色、环保、节能作为宣传口号。

（2）管理体制复杂。大型公共建筑的种类较多，既有饭店、宾馆、商厦、写字楼等商用建筑，也有学校、医院、政府办公楼、图书馆、体育馆、电影院等公共设施，涉及的管理机构繁多，管理体制复杂。例如，饭店和宾馆多是国家旅游局下的中国旅游饭店业协会的会员单位，同时各地大多成立了旅游股份有限公司，既拥有星级酒店，也拥有大型商厦；大专院校一般为教育部直属管辖，也有地方教育主管机构所辖；医院一般由当地卫生局管辖，也有隶属大专院校；政府办公楼主要由国家和地方机关事务管理局管理；体育馆有直属国家体育总局的，也有属各地体育局管理的；图书馆、博物馆一般隶属文化部或地方文化局；电影院一般隶属中央广播电影电视总局或地方广电局。如此众多的管理机构，使大型公共建筑在节能政策的贯彻、落实上容易出现信息渠道不通畅，政策传达不到位，多头管理或管理缺失的状况。

（3）设计和运行管理中存在问题。大型公共建筑能耗过大的关键在于这些建筑采用了不适当的集中空调技术，经常出现"大马拉小车"的局面，导致能源的无谓消耗。在建筑设计过程中，空调冷机选型普遍偏大；而实际运行过程中，大部分工况下冷机处于部分负荷状态，导致冷机COP较低。与冷机选型过大对应，一般地水泵选型较大，导致水泵工作点偏离最佳工作点，大部分时间水系统运行在"大流量，小温差"工况下，水泵电耗很大[1]。空调冷机额定流量与冷冻泵、冷却泵的额定流量匹配不好，冷却塔与空调负荷之间不能很好匹配等，都将造成能源浪费和利用效率的降低。

另外，运行管理也存在漏洞。部分建筑下班时间内办公电耗较大，很多电脑处于待机状态。部分楼宇存在加班现象，导致冷冻机

---

[1] 国家发改委、能源研究所：《中国大型公共建筑节能管理政策研究》，《中国可持续能源项目》2007年。

24 小时开启，造成很大的浪费。某些建筑中存在冷机停机不断电现象，造成很大冷机待机电耗。

三 从政策非均衡角度理解建筑节能障碍

导致上述障碍存在的深层次原因是利益问题。建筑节能改变了各主体间原来存在的利益平衡，若某一方利益受损又未得到合理补偿，自然就成为建筑节能的阻碍力量。在第 3 章已经讨论过了，当均衡状态下的利益平衡被改变，对政策的需求就会产生，因为原有的政策均衡已经不能实现个体利益的最大化。也就是说，障碍只是建筑节能问题的表象，利益冲突才是问题的本质，利益冲突则会使得各利益相关者产生政策需求。

政策需求发生变化，政策供给也需要随之改变，才能实现政策系统的再平衡。从国家战略层面对建筑节能开始重视，是从"十一五"开始的，在五年时间里，建筑节能发展的障碍并没有得到有效解决，说明政策供给出现了问题。4.2 节详细介绍了我国建筑节能政策供给情况，在此，笔者将建筑节能面临最主要的障碍与政策供给情况进行对比分析（如表4－6所示），有些障碍存在是因为政策缺失导致的，有的是因为政策未得到执行而致。

从表4－6来看，针对目前我国建筑节能发展面临的部分障碍，在现有的政策体系中可以找到相关的规定，只是政策执行不力导致政策需求得不到满足。也有诸如节能材料和技术、建筑节能标识、建筑节能"高端化"等问题，还没有较为明确的政策规定，影响了建筑节能的发展。

（一）政策缺失

（1）与建筑节能密切相关的材料和部品缺乏统一节能标准。建筑节能是个系统工程，要从设计采购端就开始注重节能设计和选择。但是，目前我国只有建筑能效标准，还缺少材料和部品能效标准。材料和部品能效标准制度有助于房地产开发企业的节能选择，是优化建筑节能产业链的核心内容。在现在的建筑部品市场中，由于没有权威可靠的判断材料和部品能耗性能的标准，使得开发商在进行材料设备选择时要付出额外的成本，不利于促进产业链要素最优化配置。

表4-6   建筑节能政策需求与供给对比分析

	政策需求	政策供给	
	障碍	有无相关政策	执行情况
新建建筑节能	节能标准的执行存在较大漏洞	有	较为有力
	节能材料和技术不能满足市场需求	无	
	节能建筑走向"高档化"、"贵族化"	无	
	存在伪造、冒用国际知名建筑标识现象	无	
北方供热体制改革	技术障碍	无	
	"只分户、不计量"后的利益计算	有	不力
	围护结构改造不与供热计量改革同步	有	不力
大型公共建筑节能	追求建筑外观，忽视国家强制性节能标准	有	不力
	管理体制复杂	有	不力
	设计和运行管理中存在问题	有	不力

（2）第三方评价机制缺失。伪造、冒用国际知名建筑标识现象越来越严重，与我国缺少独立第三方评价机构有关。发达国家的第三方评价机制都十分发达，在政府节能政策实施过程中发挥着重要作用，其权威性得到公众认可。我国目前建筑节能标识认证机构都是政府机构，缺少必要的宣传和信息公开制度，公众很难在鱼龙混杂的标识中判断真伪。

（3）我国建筑节能经济激励政策严重缺失。前文已经提到，我国建筑节能政策以强制性政策手段为主，经济激励政策不足。笔者认为，这是我国节能建筑走向"贵族化"的原因之一，开发"平民类"节能建筑无利可图，开发企业自然会将目光投向高端建筑，因为高端节能建筑市场需求肯定是更早形成。我国新建建筑节能市场尚未形成的原因是节能建筑在经济效益、环境效益、社会效益方面所具有的优势还不能轻松地转化为市场动力。要实现这一转化，一方面要通过强制性的节能标准，包括建筑节能标准和建筑材料、技术标准，实现短期的建筑节能目标；另一方面要通过更加丰富的政策手段，包括经济激励、信息公开、第三方监管等，实现政府主导与市场驱动共同推动建筑节能市场转型的目标。

（二）政策执行不力

政策未得到有效执行，与政策缺失一样，会导致政策设计的无效。与发达国家相比，我国建筑节能强制性政策的部分已经比较完整了，但是这些政策对其作用对象的约束却并不强，也就是说政策的执行出了问题。

以前文提到的新建建筑执行强制性节能标准为例，来说明政策执行不力的问题。笔者认为主要有两个原因：

一是建筑节能标准体系与市场结合度不够。目前的建筑节能设计标准强调的是设计阶段的技术措施，没有以政府和居民关心的实际能耗和能源费用为出发点，在一定程度上缺乏市场需求。

在市场经济条件下，与市场的结合度实际成为衡量技术标准可操作水平的重要指标，我国建筑节能标准在这方面有欠缺。一方面现有的建筑节能标准、国家标准和行业标准不够健全，只有主干部分，缺少具体严密的相关配套标准；另一方面是我国的建筑节能标准制定之初就没有将开发商、消费者、部品供应商、设计单位等的需求考虑在内，这使得我国的建筑节能标准缺少实用性，只是专家们的一个研究成果。标准具有科学性的基础上兼顾可操作性才是最为关键的。

二是标准缺乏管理和监督环节。要真正实现节能目标，除了在规划、设计、施工、竣工验收等阶段严格执行建筑节能设计标准外，必须建立健全建筑运行环节的各项节能管理措施。实际上，节能设计标准包含了运行管理的许多原则条件，如在居住建筑及公共建筑节能设计标准中，许多非强制性条文都是讲关于供热采暖系统、空调制冷系统、通风照明系统进行节能运行管理原则方案的。

关于政策执行不力的深层次原因，下一节将进行较全面的分析。

第四节　体制改革是长期的政策供给

一　政策缺失的根源

（1）经济激励性政策缺失的原因。经济激励性政策缺失不单是建筑节能领域的问题，我国整体的政策结构就是重约束性政策、轻经济激励性政策。主要是由于我国市场经济起步晚，经济激励性政策的效果与一国市场经济体制的完善程度有很大关系，因此西方国家已经成熟的政策手段，并不适于我国，需要根据我国市场经济发展程度，设计合理的经济激励政策，这比直接借鉴难度要大。

另外，包括税收减免、贷款优惠等经济激励政策，涉及一国的财税体系和货币政策体系，制定和实施的成本都很高。每一项耗费较大的改革方案的出台都需经过财政部的核准，如果超出财政可承担的范围，预期收益再好的方案也将搁浅。同时，建筑节能评定的技术手段不完善，难以为经济激励政策提供科学可靠的依据。

（2）独立的第三方机构缺失的原因。在西方市场经济国家，自愿性协议是政府与企业、企业与消费者之间重要的政策手段之一，比如产品或建筑物的能效标识，完全是自愿性的，由独立的第三方机构负责运作，但这是建立在社会信用体系完善基础之上的，否则这样的机制是不可能达到目标的。而中国还不具备完善的信用体系，非盈利的第三方机构也就失去了发展的良好土壤。这一问题需要在社会改革进程中逐步改善。

二 政策执行不力的根源

（1）法律缺乏强制力。对于不遵守建筑标准的情况，惩罚的威慑力远远不够。官方规定有法律上的惩罚措施，但实践中由于法律体系的薄弱几乎难以执行。这跟中国的法律传统有关，决策是由有影响的或者受尊敬的人作出的，而基于法律法规。在过去的几个世纪，我国的法律制度确实进行了改革，但传统的行为仍需要时间来改变。所以仍有许多个人决策，只考虑了短期和利益的因素。

强制性节能标准执行率低的原因之一就是缺乏强有力的执法机制。早在1986年我国就开始试行第一部建筑节能设计标准，并且1999年已经把北方地区建筑节能设计标准纳入强制性标准进行贯彻。但是，2000年，原建设部组织对北方部分省市建筑节能设计标准执行情况进行检查，发现达到建筑节能设计标准的节能建筑只占同期建筑总量的 6.4%。虽然新建节能建筑增长速度较快，但到 2002 年底，全国仅建成 2.3 亿平方米的节能建筑，占城市既有房屋建筑总量的 2.1%。

如果建筑节能设计和验收标准得到严格执行，即按照法律规定：达不到合理节能标准和节能设计规范要求的项目，审批机关将不得批准建设；项目建成后，达不到合理节能标准和节能设计规范要求的，不予验收。除了建筑节能设计标准外，国家也已经发布了建筑节能相关的验收标准，如《建筑节能工程施工质量验收规范》，但由于缺乏有效的监管，使得这些标准形同虚设。

从目前的情况来看，无论是开发商、施工单位还是消费者，都没有将 50%节能作为国家强制性标准来看待，因此出现有的开发商把达到节能 50%目标作为楼盘的卖点，由于消费者对国家政策不熟悉，容易被开发商误导。换个角度讲，如果消费者购买的住房达不到国家要求的节能标准，就应该算是买到了不合格产品，有权追究开发商的责任，但显然消费者没有这样的辨别力。

自 2005 年以来，住建部已经连续五年对全国建筑节能强制性标准执行情况进行专项检查，自专项检查以来，每年执行率都有很大的提高，但有法不依的情况依然占不小比例，这与我国法律体系的薄弱不无关系，在无法改变目前法律强制力情况下，将节能标准强制执行与经济激励方式相结合在一定程度上可以促进问题的解决。

（2）监测机制落后。建筑节能政策实施的巨大障碍在于薄弱的监测机制和由此造成的不遵守规则的习惯。监测的目的应该是促进新建建筑遵守节能标准，但是监测或者没有起到足够的作用，或者根本就没有进行。

监测过程对大量的政府人力和财力的需求无法满足。大量新建设项目涌现和建设速度加快，进一步加剧了上述资源不足的问题。笔者在调查中获知，地方建设部门对建筑节能效果的监测成本很高，达到 8 万—9 万元/次①，给监测造成了困难。

---

① 德国发展政策研究所：《中国建筑节能：政策、障碍和机遇》。

　　从设计阶段到实际建造，建设过程是极其复杂的。这种复杂性也反映在监测过程中。建设过程需要三个阶段的监测：首先，设计图必须交给一个独立的私营机构。该机构向政府报告，然后地方政府机构对规划进行二次审查。第二步，由公共的或私营监测机构的特别小组，对施工现场进行检查。第三，建筑已经完成后，要对其是否遵守建筑标准进行复查。在很多情况下，建筑设计和最终完成的建筑之间存在较大的差异。

　　上述这些问题导致监测不全或监测力度较弱，结果导致"向底线的竞赛"，开发商和建筑公司看到即使不符合标准也一样可以脱身。其他竞争者感觉他们正处于不利的竞争地位，因此在他们看来，他们不得不被迫跟风。

　　（3）地方政府执行力不足。在地方层面上，经济利益通常被放在优先位置，而环境和能源问题置后。自1980年以来，地方领导人的业绩评估主要建立在经济业绩之上。为了上升到国家经济发展等级的前列，同时也为了职位的提升，他们把经济问题和GDP增长放在比节能更优先的地位。地方政府希望通过吸引投资来鼓励地区或城市发展，尤其是那些可以帮助政府达到GDP目标的产业。通过卖地进行建设工程，可以增加政府财政收入。因此，一些不符合节能标准的企业也得到推广。有些政府官员与建筑公司有利益分红，所以对住房项目的有效节能监控不感兴趣。

　　一个改善现状的机会在于，节能主管部门考虑把地方政府在节能方面的工作纳入到他们政绩的考核中。然而持批评态度的人，这项改革不一定会促进地方政府行为的改变，反而环境会导致建筑节能统计造假。这种状况在过去的GDP统计中就出现过。不能达标的官员必须缴纳罚款甚至辞职，更会增加统计造假的可能性。

　　建筑节能规划似乎是非常有效的建筑节能政策工具，它以目标责任制的方式要求将建筑节能与对地方政府的考核挂钩，形成对地方政府行为的约束。但是这种方式是一种自上而下的任务分解，并未给地方政府表达意愿的机会，也没有配套政策的支撑，因而很难真正地对地方政府的行为选择产生约束，反而使其有策略性行动的空间。真正将中央与地方的责任和权力理顺，将规划法治化，才能让规划成为一种政策安排。

（4）体制机制障碍。国家发展和改革委员会负责全面的节能战略和工业节能，住房与城乡建设部负责建筑节能，其他部委负责各自的行业或工作领域的节能管理。政府部门之间的权限重叠、缺乏协调和利益冲突严重影响了节能工作。尤其是住建部和发改委之间的权力斗争导致较弱势的住建部缺乏资源开展工作。缺少一个单一机构负责协调国家一级的能源政策是政治体制上的另一个障碍。

条块分割的垂直领导导致指令冲突。建筑节能的政治和制度结构是条块分割的垂直领导。住建部在国家层面上负责建筑节能政策，各地省政府负责相应省级层面上的工作。在市级，由地方建设局或能源局负责执行建筑节能的政策和措施。一方面，他们必须考虑国家建筑节能的总体战略，另一方面，他们仅仅服务于省政府并接受省政府财政拨款。这造成了住房和城乡建设部的弱势角色，对地方建设局来说存在指令冲突和各行政主体之间推卸责任的风险。

对于我国建筑节能政策非均衡问题的分析不能局限于政策问题本身，其深层次的原因是体制障碍，这些问题要在我国经济体制和政治体制改革不断推进的过程中，逐步得到解决。所以说，在中国，体制改革是一项长期性的政策供给。

第五节　小结

第三章研究的是政策需求，本章研究的是政策供给。我国建筑节能政策供给也是以政府供给为主体，政策设计者对于微观经济主体需求的考虑直接影响政策效果。

我国的建筑节能政策体系已经初步形成，由行政法规、部门规章、规范性文件、标准、规划和地方性政策组成，国家节能政策、建筑政策、材料和技术政策中也有与建筑节能相关部分，共同构成了我国建筑节能政策体系。

我国建筑节能工作取得了很大进展，但也存在诸多障碍。建筑节能改变了各主体间原来存在的利益平衡，利益受损一方自然就成为建筑节能的阻碍力量。当均衡状态下的利益平衡被改变，对政策的需求就会产生，因为原有的政策均衡已经不能实现个体利益的最大化。也就是说，障碍只是建筑节能问题的表象，利益冲突才是问题的本质，利益冲突则会使得各利益相关者产生政策需求。

政策缺失和政策执行不力等政策非均衡因素导致建筑节能发展的障碍。其中，政策缺失的根源在于：我国市场经济体系不完善，以税收和贷款为主要形式的经济激励政策面临约束；独立的第三方评价机构和自愿性协议类政策工具需要以完善的社会信用体系为基础，我国目前还不具备这一条件。政策执行不力的原因包括：法律缺乏强制力、监测机制不完善、地方政府执行不足等体制机制问题。这些问题要在我国经济体制和政治体制改革不断推进的过程中，逐步得到解决。

第五章

国外建筑节能政策供给的经验

自从 20 世纪 70 年代石油危机以来，西方国家开始高度重视节能工作。随着 20 世纪 90 年代以来全球气候变化问题日益凸显，节能作为温室气体减排的一项重要措施，其地位在全国的能源战略中得到进一步加强。其中，建筑节能具有很强的公益性特征，空调和采暖在季节性高峰能源需求，并且建筑能耗在发达国家中占比较高（一般占到全国总能耗的 30%—40%），所以在绝大部分西方国家的节能政策体系中，建筑节能方面的政策一直占据着主导位置，大部分节能激励政策和节能资金用于建筑节能领域。以美国为例，美国能源部能源效率和可再生能源局的节能资金预算的 1/3 左右用于建筑节能领域，而与建筑节能有密切关系的电力节能资金也占 1/3 左右①。

本章选择了三个在建筑节能方面有代表性，但又各具特色的国家来介绍其建筑节能政策供给方面的经验。首先，美国以经济发达和市场完善著称，国家立法作为市场运作的保障，和市场的自主运行互为补充、相得益彰，但其能源价格相对较低，通常是导致政策失效的重要因素；日本是能源相当紧缺的国家，因此其拥有最完善的节能管理体制，从政策手段到管理模式都最适合我国借鉴；德国作为欧盟成员国，在《京都议定书》的压力下要实现"到 2020 年在 1990 年基础上减少温室气体排放 30%"的目标，因此，也促使其更新本国的能效标准，并出台更多、力度更大的激励政策。

美国、德国和日本三国建筑节能政策的供给情况，一方面用以对比评价我国建筑节能政策供给是否合理，另一方面这些国家所采取的

---

① 美国能源部能效和可再生能源局网站。

政策工具和手段也为我国完善政策体系提供借鉴。

第一节　美国

美国绿色建筑的发展可分为三个阶段[①]：第一阶段是启动阶段，以美国绿色建筑委员会的成立为标志。1993年美国绿色建筑委员会（U S Green Building Council，以下简称USGBC）的成立，政策关注点被扩展，除了能耗，建筑材料的安全性、室内空气质量甚至建筑用地选址等问题同样引起社会关注。USGBC是第三方的独立机构，由一些对绿色建筑有共识的组织组成，它的成立被认为是美国绿色建筑整体发展的开始，而绿色建筑的兴起被认为是美国最为成功的环境运动。第二阶段是发展阶段，以《2005能源政策法案》的颁布为起点。《2005能源政策法案》是美国现阶段最为重要的能源政策之一，体现了国家的能源发展战略。这一法案对于建筑能源节约给予了前所未有的关注，对绿色建筑发展起到了关键性的促进作用。第三阶段是扩展阶段，以2009年初美国总统奥巴马签署的经济刺激法案为标志。这一法案中有超过250亿美元资金将用于建筑的"绿化"，发展绿色建筑正成为美国能源改革和经济复苏的重要组成部分。

一　联邦政府政策体系

美国推进绿色建筑发展的主要政策工具包括三类：强制性的绿色建筑规范和标准、税收激励政策以及自愿性的产品和设备绿色标识等。

强制性法规和标准

2005能源政策法案（Energy Policy Act of 2005）

《2005能源政策法案》对绿色建筑的发展来说是关键性的，体现在：这项法案包含了具体的经济激励政策来推进节能产品在民用建筑

---

① 美国的绿色建筑的发展在建筑节能之后，但已经因其综合性和著名的LEED绿色建筑评价体系而得到广泛认知，因此本部分将介绍美国的绿色建筑政策体系。

中的应用，特别是一整套的针对家庭节能改进的税收抵免政策；对联邦建筑执行的标准作了新的规定，即采用 2004 国际节能标准代码（ASHRAE 标准 90.1—2004），并希望进一步修订联邦建筑能效执行标准，规定未来联邦建筑必须达到一定的能效指标；要求到 2015 年联邦政府各机构的能源使用要消减到 2003 年的 80%，也规定了政府机构可以有一部分预算用于能源节约工作；对 15 种产品或设备设立了新的能效标准。

"标准 189"——除低层住宅以外的高性能绿色建筑的设计标准

2006 年，ASHRAE（the American Society of Heating, Refrigerating, and Air-Conditioning Engineers，美国加热、制冷和空调工程师协会）/ USGBC/IESNA（the Illuminating Engineering Society of North America, 北美照明学会）联合发布了"标准 189"——除低层住宅以外的高性能绿色建筑的设计标准[①]。这一标准为绿色建筑提供了一个"一揽子建筑可持续性解决方案"，从设计、建造到管理维护全方面，这一标准将建立绿色建筑最低的基础来适应各区域对绿色建筑的要求。标准的格式和结构是按照 LEED 绿色建筑评价体系[②]来设定的，它涵盖的主要议题也类似于绿色建筑评价系统，包括可持续性、水资源利用效率、能源效率、室内环境品质和建筑对资源环境的影响。由于 LEED 绿色建筑评级体系越来越得到社会的认可，所以标准 189 的目的是要作为申请 LEED 绿色建筑的基准线，以帮助绿色建筑逐渐成为社会共识。

经济激励政策

美国政府在鼓励绿色建筑发展过程中通过经济手段吸引市场对绿色建筑的选择，这些方式包括提供直接的资金或实物激励、税收和补贴以及为绿色建筑发展创建市场（比如碳交易）。直接的激励和补贴对于推动绿色建筑发展是快速、直接的，而创建市场的方法对于绿色建筑和相关的节能环保技术长远发展是更有利的。

---

① 2010 年 1 月刚刚通过了"标准 189.1"。
② LEED 绿色建筑评价体系将在下文做详细介绍。

税收减免

在美国有多种与绿色建筑发展相关的税收激励政策。前文已经提到的《2005 能源政策法案》中既包括了课税减免也包括课税扣除的规定。其中课税减免的规定是：商业建筑的所有者如果采取某些措施使得能源节约达到 ASHREA90.1 标准的 50% 可获得 1.8 美元/平方英尺的课税减免。同时，该法案还有多项课税扣除的规定：对于商业建筑，如果使用太阳能或燃料电池设备可享有 30% 的税收扣除；对于新建住宅，如果所消耗的能源低于标准建筑的 50% 就有资格享受课税扣除；对于住户来说，选择节能设备可获 \$500—\$2000 的课税扣除。但是课税扣除政策有效的时间是 2006—2007 年，这一规定被认为不够合理，因为两年的激励还不足以对节能建筑产品和设施的市场产生很大的影响。

专项资金

美国能源部资助 LEED[①] 绿色建筑评估标准的建立；美国能源部能源效率与可更新能源办公室（EERE）为推动可更新能源和能效技术的使用提供多种激励方式，这些政策不是专门为绿色建筑发展而制定，却对绿色建筑的发展至关重要。比如为可更新能源和新技术的发展和示范项目的建立提供资金支持。这种专项资金不仅提供给开发商、消费者、技术开发人员，也提供给州和地方政府。

碳交易

美国曾经通过二氧化硫排污权交易的方式成功解决了酸雨问题，试想如果建筑的所有者和开发企业能够通过碳减排而获得收益，这将对绿色建筑的发展有多大的推动作用。世界上第一个温室气体排放权交易机构是美国的芝加哥气候交易所，成立于 2003 年，与影响力更大的欧洲气候交易所不同，芝加哥气候交易所是自愿性质的，美国尚

---

① Leadership in Energy & Environmental Design 的简称，由美国绿色建筑委员会制定并推出的能源与环境建筑认证系统（Leadership in Energy & Environmental Design Building Rating System），国际上简称 LEED，是一个自愿的以一致同意为基础的，目的在于发展高功能、可持续建筑物的标准。

未建立强制性的减排目标，限制了其发展潜力。

自愿性项目

自愿性项目是美国推动绿色建筑发展的另一有效手段。自愿性项目可以作为强制性规范的补充，因为它可以通过设定更高的建筑节能绩效标准来推动能源节约，并为未来建筑节能标准的改进提供基础。

能源之星（Energy Star）

在美国，最为流行的自愿性手段是能源之星。这是1992年由美国环境署和能源部开创的通过提高能效来达到温室气体减排目标的项目。据评估，2006年该项目节能效果达140亿美元，温室气体减排相当于2500万车辆的减排量。迄今为止，已经有上千的商业和工业建筑得到能源之星标识。

绿色建筑评估体系（LEED）

2000年，USGBC建立LEED（the Leadership in Energy and Environmental Design）绿色建筑评级系统。LEED是美国第一个对商业项目的影响进行全面评价的体系，包括能源和水资源的使用、市政基础设施、交通能源使用、资源节约、土地利用和室内空气质量。在LEED绿色建筑评级体系之前大多数的评价体系，比如EPA的"能源之星"项目，主要是关注建筑能源的使用，而LEED绿色建筑评级体系则更为全面地对建筑从选址、材料、资源到设计施工各个环节进行评价。

二　加利福尼亚州：将节能作为一项能源供给

在美国，虽然联邦政府是推动绿色建筑发展的重要力量，但由于国家层面尚没有为推行绿色建筑而专门立法，因此现阶段推广绿色建筑的实质性工作都是由州政府和地方政府两级政府在进行。下面两部分内容将分别介绍美国加州和部分地方政府在绿色建筑政策方面的尝试与创新。

加利福尼亚是美国绿色建筑发展最快的州之一，加州政府对于改善能效的支持力度很大，长期以来都把它作为一个关键的"能源供给"，不懈的努力使得加州的单位资本能源和电力消费均低于美国其他州。

加利福尼亚能源委员会（California Energy Commission，下文简称CEC）是执行能效政策和项目的主要机构。CEC自70年代中期就开始采用设备能效标准和建筑能源规范，并且不断保持对标准和规范的更新。加州的这些标准和规范是先于美国国家层面的设备能效标准出台的，在一定程度上为国家标准的出台做了铺垫。过去30年，设备能效标准和建筑能源规范对于该州整体的能源使用有着重要的影响，加州的电力强度低于全美平均水平40%。2001年，加州更新了建筑能效规范，并且批准了5亿美元的能效项目。据统计，这些项目至少吸引了33%的居民消费者和25%的企业参与其中。

值得一提的是加州的建筑能效规范的制定是将整个州划分为16个不同的气候区，对不同气候区的部分气候敏感因素（隔热、窗户、供暖或空调系统等）设定有差异的标准。而且这套法案为被管制者提供了两项选择：基于规定的和基于绩效的。前者对新建建筑的各项指标均有具体的要求，建筑师只需要按照这些要求进行建造施工即可；而后者是给定建筑师一定的能源预算，建筑师可以自由决定建筑各个具体环节的能源使用情况，这一方法给了建筑师更多设计的灵活性，也减少了执行规定标准的成本。

除了机构完善之外，加州的绿色建筑立法也已经部分完成了。

2004年，加州颁布执行条例S-20-04（executive order S-20-04），同时颁布《绿色建筑行动计划》，两者均为加州的绿色建筑计划（Green Building Initiative，GBI）。GBI要求加州对于自身的设备设施执行成本有效的能源节约措施，以实现"到2015年能源消费减少20%"的目标。GBI要求：面积超过50000平方英尺（4000平方米）的已建成建筑必须获得USGBC的LEED绿色建筑评级体系的认证；所有新建建筑和面积超过10000平方英尺的翻新建筑必须获得LEED的银级或更高级别的认证；对于州的面积小于10000平方英尺的新建筑，需达到与LEED银级（或更高）相当的水准，但并不强制必须通过LEED认证的程序。GBI强烈建议：私营部门也按照这些规定来设计自身的商业建筑。

立法议案 2160 将 GBI 的要求变成了法律，对于州所有的建筑和私营部门的商业建筑有如下规定：

对于州所拥有的建筑：

——加州的 Department of General Services（DGS）负责定义一个"生命周期分析模型"来"评价加州关于建筑建设和设计的决定的成本—效果，以及这些决定对于一个设备的生命周期的影响"。

——能源委员会会同 DGS 和州的财政办公室负责为州的能源和资源有效建筑项目（即绿色建筑项目）确认和发展"financing and project delivery mechanisms"，最小化 General Fund 的使用。

对于私营部门的商业建筑：

——能源委员会会同 DGS、州的财政办公室和商业建筑建设工业负责确认私营部门商业性的绿色建筑发展的障碍，并负责确认和建议激励的方法。

三 美国地方政府：各种形式的经济激励

地方政府在绿色建筑政策工具方面也同样做了很多工作，很多地方政府的规定甚至严于州政府和联邦政府。管制性政策工具包括法律、规章和采购政策等；激励性的政策则包括对新产品的鼓励和税收抵免等；对非绿色建筑的约束政策，主要是通过对传统的技术手段征收绿色税来实现；另外，政府通过提供教育和培训项目，创建社区委员会的形式来普及和介绍绿色建筑。

对于私营部门发展绿色建筑进行经济激励或利用管制与激励相结合的政策工具进行管理的例子在很多州和市镇都可以找到，比如：

阿灵顿县（Arlington County）对于发展绿色建筑的建筑商给予资金的奖励。同时，由于其所属的城市是要求 LEED 认证的，所以阿灵顿县也将 LEED 认证作为其奖励绿色建筑的依据和准则。

加州的圣巴巴拉（Santa Barbara County）的激励政策包括对于能源效率的规划审查和免费设计指导。该县的规划和发展机构还设立了一个创新建筑审查委员会，以消除绿色建筑节能技术发展的障碍。

Issaquah 则规定达到 LEED 认证的项目在建筑许可证审查时有优

先权。

州政府和地方政府还分别建立对开发商和消费者的激励政策来促进他们对绿色建筑的选择。其中对开发商的激励政策包括：

——减少检查和获得许可证的费用——对于那些符合绿色建筑或者能效/水效标准的项目给予减少费用的优惠或是给予补贴。

——加快审查进程——对于有行政优先权的项目（获得 LEED 认证的），审批时间将缩短 20% 至 50%。

——税收抵免政策——对于符合绿色建筑和能源效率标准项目的部分或全部发展成本实行税收的减免。

——货币奖励和退款——为符合能源和水资源节约、废物最小化目标的创新性的项目提供有竞争性资助。

那些对消费者的激励政策实际上提高建筑在市场上的竞争力，可以看作是对开发商的间接激励。这种间接激励的方式包括：

——特别按揭产品——为那些符合绿色建筑标准的商品房提供低于市场的融资利率。

——税收激励——对于向绿色节能方向改进的建筑（包括新的建筑）实行物业税减免。

与州政府和联邦政府的政策相比，地方政府所颁布的政策更加具有针对性，对与绿色建筑发展相关的各个参与方都有相应的政策，这样的设计对我国的政策制定有更多的启发。

第二节　德国

德国能源匮乏，石油几乎 100% 依赖进口，天然气 80% 依赖进口。长期以来，联邦政府通过信息咨询、政策法规和资金扶持等多种手段，调动个人和企业节能的积极性[1]。

---

[1]　王素霞：《美国、德国如何实现建筑节能》，《山西能源与节能》2006 年第 3 期。

一 能耗标识制度：建筑"能源护照"

德国建筑能源性能证书，即所谓"能源护照"，目的是提高房地产市场的透明度。它为所有行为者提供建筑物能源需求、能源质量和二氧化碳排放的可靠信息。另外，该证书对于如何通过建筑节能改造改善能效评级提供了具体的建议。这些建议可以成为改造采取节能措施的动力。新建筑的"能源护照"在2002年已经开始实行。从2008年下半年起，既有建筑在销售或者出租时，也需要提供"能源护照"。

房产业主可以选择两种版本的"能源护照"：

1. 需求导向型"能源护照"，根据能源需求进行评级。每栋楼都根据标准化程序进行评估。通过分析建筑的外墙、建筑材料和供热系统，并据此确定该建筑的总热量损失。该结果是建筑物能源质量的客观描述，与单个消费者的行为无关。不同建筑的关键值可以进行对比。

2. 消费导向型"能源护照"，强调的是目前单位平方米的能源消耗。这种类型的"能源护照"，相关数据是基于过去三年里的供热费用确定的。消费量取决于房客的行为和居住的人数，所以这种方式只能为建筑的实际能源质量提供有限的信息。

所有行为者都可以从证书中获益：购房人和房客在购买、建设或租用房屋之前，就可以估算出建筑的预期能源费用；业主、房地产机构和开发商可以将"能源护照"作为一种市场营销手段；房产业主可以知道他们楼房的能源质量，计划进一步如何装修；为建筑师、工程师和建筑工人提供新的工作领域。

二 建筑保温经济激励

德国促进建筑节能发展的经济激励方式也是非常有代表性。政府采用资金扶持等多种经济激励手段来调动个人和企业节能的积极性。比如对热电联产技术提供补贴，为新建建筑和既有建筑改造采用热泵等节能技术提供财税激励政策、优惠贷款、津贴补助等，以及对清洁能源和可再生能源生产者给以较高标准的固定补贴来促进建筑节能技术的发展，这一系列的举措在建筑节能的推广中发挥了良好的作用。

德国对于建筑节能资助政策（kFW 资助项目）包括德国政府通过复兴银行提供贴息贷款，实行 40 和 60kWh 能耗贷款，贷款同期：30 年，有 1—5 年宽限期，贷款额度：每套住宅 5 万—10 万欧元，固定利息 10 年不变，比市场利息低约 2—2.5 个百分点。2006—2009 年度政府准备了 14 亿欧元贷款额度用于支持节能改造，利率在 2% 左右。根据改造效果可以补贴本金，支持对象自有住房、出租房和住房合作社业主，按照节能效果进行补贴，达到新建节能标准时补贴 10%；比新建标准再低时至少补贴 17.5%；采取政府推荐的节能措施包时补贴 5%，极大激发了业主的节能兴趣。

第三节　日本

日本是世界上能源消费大国，能源消费量居世界第四，占世界能源消费总量的 5.2%。同时，日本又是能源匮乏的国家，其能源需求的 80% 来自于进口，并且进口能源中的 50% 又依赖于石油（如图 5-1 所示）。建筑节能被予以高度重视，尤其是经历两次石油危机之后，日本在提高能效方面走在世界前列。由于采取了各种有效措施，目前日本的单位 GDP 能源消费量是全世界最低的（如图 5-2 所示）。

在联合国气候变化框架公约第三次成员国会议之后，日本提出了到 2010 年每年减少能源消费 2.2EJ（百万兆焦耳）的目标。这数字略超过日本所有家庭每年的能源消耗量，等同于 2001 年全日本能源消耗的 14%。

一　家用电器和设备相关的节能政策

在《能源节约法》（Energy Conservation Law）中包含的日本第一个最低能效标准（MEPS, minimum energy performance standards）于 1983 年公布时只是对冰箱和房间空调有效。这些标准在 90 年代中期

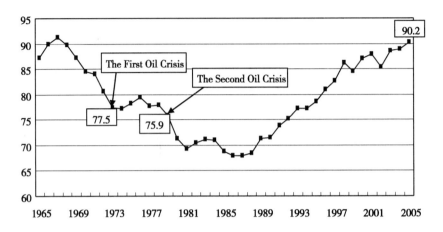

资料来源：Compiled by the Agency for Natural Resources and Energy based on Year-book of Natural Resources and Energy

图 5 - 1　日本对中东国家的石油依存度

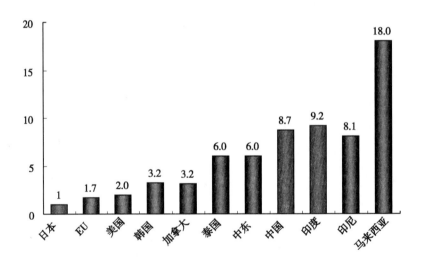

资料来源：IEA Energy Balance 2006

图 5 - 2　各国单位 GDP 能源消费量

也得到更新。从 1993 年起，对不符合标准的产品和设备实施惩罚的政策出台，并且产品和设备名录被扩大到中央空调、荧光灯、电视机、复印机、电脑和磁盘机。这些标准实施后的效果是在 1979 年到 1997 年期间，新的冰箱平均电力消耗量下降了大约 15%，在此期间，冰箱的尺寸增大了约90％（Energy Conservation Center，Japan，ECCJ，2002）。

1998年《能源节约法》被再次修改，其中最为重要的修改之处是有创新性的"领跑者计划"（Top Runner Program）的出现。这个计划规定所有的新产品（包括进口产品）都必须要符合在标准被设定的那个时候，这种产品类别中最有效的产品所在的那个效率水平。起初包括在这个计划中的有13种产品（使用汽油的客车、使用柴油的客车、用柴油和汽油的货车、空调、加热泵、荧光灯、冰箱、电视机、复印机、电脑、磁盘机和录像机）。对有些产品的效率改进要求甚至超过50％（International Energy Agency（IEA），2002）。

日本对于家用电器能源标识的要求已经开始了很多年。1998年修订的《能源节约法》中，对空调设备、冰箱、电视、荧光灯的能效标签分为两种颜色：红色代表产品并没有达到"领跑者计划"的标准，绿色代表已经达到了。自从2002年起，产品能效相对于"领跑者计划"的程度也在产品标签上显示出来，如有的冰箱已经达到"领跑者"水平的222％。另外，国际能源之星的标志被应用于笔记本电脑、显示器、打印机、传真机和复印机上。

二　建筑节能政策

日本在建筑能效方面所做的工作无法与成功的产品和设备能效工作相比。主要包括自愿性能效标准、税收激励和低息贷款。值得一提的是融资激励促成了能源服务公司（ESCOs）的发展，特别是在能效改造方面。近几年，ESCOs发展迅速，项目价值从1998年的170百万日元增加到2001年的665百万日元（Energy Conservation Center，Japan，ECCJ，2003）。

1979年第二次石油危机后，日本颁布实施了《合理利用能源法》（Law Concerning the Rational Use of Energy）。这部法律的目标是提高燃料资源的使用效率，主要针对企业、建筑、设施和设备等。该法律已被修改多次，直到今天仍然是日本能源政策方面的核心法案之一。

该法律规定新建建筑在开工建设之前，开发单位与设计单位要就如何降低建筑物能耗的问题进行协商，得出双方都认同的方案。日本制定该法案的目的既不是为了控制建筑物在投入使用后的能耗总量，也不是作为罚款的依据，而是侧重于规范建设方的节能义务。为了使所制定的法规得以执行，日本政府制定了许多具体可行的监督措施和必须执行的节能标准，并有明确的节能目标①。

日本用于节能的公共财政预算也较多。日本资源能源厅 2001 年度财政预算 1300 亿日元（约 10 亿美元）用于建筑节能和新能源的开发，占资源能源厅预算的 40%。经济产业省每年有 380 亿日元（约 3 亿美元）的预算，用于补贴家庭和楼房普及能源管理系统、能源服务公司以及采用高效热水器等②。

三　日本转型的经验

"产官学"一体化的创新体系。日本政府在吸引私营企业投入研发创新方面取得十分耀眼的成就。制定研究政策相对容易，让企业等私营部门积极参与是很困难的。根据欧盟研究总局的统计，2006 年，日本研究开发费用占 GDP 的比例为 3.39%，其中企业的研究开发费用占 GDP 的比例为 2.6%，政府仅占 0.55%。和欧美政府作为推动技术创新的主要力量不同，在日本，企业才是技术创新的生力军。

以日本建筑开发商为例，日本主要建筑开发企业都拥有自己的研究所，对高性能热泵、太阳能发电、住宅空调监控等许多有助提高能效，降低排放的技术进行研究，而这些企业研究所的研究水准和试验设施都处在世界一流地位。日本企业不仅自己进行研究，更是不惜花费重金和拥有最强研究实力和前沿技术的研究所进行合作。

为了加速学术界和产业界的研发合作，以及研究成果的转移，

---

① 陈超、渡边俊行、谢光亚、于航：《日本的建筑节能概念与政策》，《暖通空调》2006 年第 32 期。

② 王清勤：《国际建筑节能经验对我国建筑节能发展的启发》，《节能》2006 年第 1 期。

日本政府每年都举行多次针对大学、企业联合研发项目的招标活动，来为这些项目提供资金支持。比如在推出 21 项技术创新路线图不久，日本经产省就针对大学和企业的联合低碳技术研究开放项目进行公开招标，每一项获选的项目将获得日本政府 5000 万美元的资助资金。日本政府还不惜投资重金来促进这些技术研发成果的商业化，日本环境省就在全国范围内招募"在 3 年之内可以实现商业化的减排技术"，并为这些合格的项目提供丰厚的资金支持。

提高公众意识的政策创新。日本将建设低碳社会作为长期战略目标，除了先进技术帮助达到减排效果之外，公众的参与和意见也是非常重要的，在现实中并不是只要是"可持续"的技术就会得到大众的支持。

日本政府选择让日本民众清楚地知道自己在生活各个环节里分别排放了多少温室气体，而且如果要减少这些排放需要花费多少费用，希望以此可以唤起日本民众低碳意识和生活方式的变革，从而通过从国民意识开始，来促进日本产业结构和企业经营方式的改变。为此，日本政府打出了连环拳，来推动二氧化碳排放的"可视化"方案。为了让消费者"看得见"每天所购买的生活用品和享受的服务中温室气体的排放量，日本政府从 2009 年开始实施"碳足迹"和"食物运送里程"项目来测定产品和食物从生产制造、运输、消费到最终废弃的整个生命周期中的排放，这样消费者在选择产品时就有了参考，来做到更低碳地消费和生活。

日本经产省还对建立针对公民个人的"低碳积分制度"进行研究，在这个制度下，日本民众在选择购买节能商品或者服务时，可以获得积分，这些积分可以累积来交换商品和服务。日本政府还同时推出了"碳中和"政策，所谓"碳中和"就是指当我们在做某个活动时排放了二氧化碳，我们通过一些节能手段或者购买碳排放额，来抵消我们之前排放的二氧化碳。日本政府希望借此来提高公众对低碳理念的认识。

第四节 对我国政策供给的启示

一 政策结构均衡，政策供给以经济激励为主

各国在实践中都是将强制性、经济激励性和自愿性或信息公开等政策工具组合共同使用。整合的建筑节能政策通过数项政策为供需双方提供推拉力，效果比单独实施任何一项政策效果更加显著（Nadel，2005；Ecofys，2007）。政策设计以市场转型为最终目标，政策和项目只要能够解决一些现在的市场和制度障碍，对于市场转型起到推动作用，就是较好的政策手段。政策体系都包括：标准、法律、经济激励政策、信息公开、自愿性协议、意识培养等。在整个政策体系中，三个国家无一例外地把经济激励作为最基本的节能政策手段之一。政府推动节能的资金主要有两类：一是政府的财政拨款，二是节能公益基金。政策激励方式包括：财政补贴、税收减免和信贷优惠。

对比来看，我国的建筑节能政策体系从政策手段来看也是很完备的，只是政策结构有很大差别，我国以强制性手段为主，激励性手段供给不足。美国、德国、日本在激励性政策工具设计上的经验可以为我国的政策设计提供借鉴，只是在借鉴时需要考虑不同的体制和发展阶段等约束条件。

二 政策对象明确，注重主体互动

美、德、日三国在建筑节能政策设计上非常细致，每一项政策都首先明确政策的对象，若有多个对象则清晰界定对象之间的互动关系。比如，日本法律规定新建建筑在开工建设之前，开发单位与设计单位要就如何降低建筑物能耗的问题进行协商，得出双方都认同的方案。而对符合节能标准的建筑，美国则是既给予开发企业税收抵免鼓励，又给以购房者低于市场融资利率，对供需双方都给予激励，极大地提高了节能建筑的市场竞争力。再如，以设计单位为主导的建筑节能产业链运作模式，有别于中国以开发企业为主导、设计单位受制于

开发企业的模式，也有利于建筑节能的发展。

三　公众意识的培养

西方发达国家对于公众意识的重视胜过对所有政策手段的重视。美国的"能源之星"、日本的公民个人"低碳积分制度"等都推动了公众节能、低碳意识的提高，公众意识决定其行为选择，其偏好直接影响企业决策。这是成本最低、最可持续的政策工具，但在我国还没有得到政策设计者的足够重视。

第六章

建筑节能政策设计的总体思路

第三章和第四章分别分析了我国建筑节能政策需求和政策供给，第五章介绍了国外建筑节能政策供给经验及启示。分析发现，微观经济主体存在对建筑节能技术和产品的潜在需求，但由于制度和观念上的障碍，潜在需求无法转变为实际需求。回顾我国现有的建筑节能相关政策，规制为主、缺少可操作性，对经济激励不足，难以实现潜在需求与实际需求之间的有效转换。因此，需要重新设计我国建筑节能政策，本章讨论的主要内容是政策设计的思路和原则，从而为后面的政策设计实践提供支持。

第一节　建筑节能政策设计的原则

一　政策供给与需求均衡原则

制度均衡就是人们对既有制度安排和制度结构的一种满足状态或满意状态，因而无意也无力改变现行制度①。从供求关系来看，制度均衡是指在影响人们的制度需求和制度供给的因素一定时，制度的供给适应制度需求。制度均衡形成的过程是一个错综复杂的博弈过程，不同于一般的商品均衡，因为影响制度均衡的因素比影响商品均衡的因素更多也更复杂。

与西方国家"自下而上"的诱导性制度变迁不同，我国从深化改革到经济发展方式转变等一系列政治、经济活动都是"自上而下"

---

　① 张曙光：《论制度均衡和制度变革》，《经济研究》1992 年第 6 期。

的强制性制度变迁，是由中央政府的制度供给推动的。这种强制性的制度变迁实际上是供给主导型的制度变迁，国家提供新制度的意愿和能力决定着制度变迁程度和效果，政策均衡状态的实现则主要取决于政策供给方。

上两章中，分别分析了建筑节能政策需求和建筑节能政策供给，而我国的建筑节能政策现处于非均衡的状态，确切地说是处于政策供给无法满足政策需求的阶段，需要通过增加和完善政策供给来实现政策体系均衡，具体的实现途径包括：完善政策供给中的政策安排；完善政策供给中的政策结构；将政策需求纳入政策设计中。

（一）完善政策安排

政策安排指具体的政策，而政策结构则指系统中政策安排的总和，包括政策的实施机制、保障机制等，两者都是政策设计的内容，缺一不可。

政策设计首先要从已有政策安排入手。对于建筑节能政策安排来说，主要的元素包括：政策组成上，技术标准、法律法规、政策性文件、实施机制；政策工具上，强制性政策、经济激励性政策和自愿性政策。这些元素共同作用才能构成可推动建筑节能发展的有效的政策安排。

目前，我国建筑节能政策安排上存在诸多问题，有设计上的不合理，也有政策缺失问题。这些问题已经在第四章做了相关分析，也会在后面政策设计实践章节中对部分政策提出改造设计。

（二）完善政策结构

政策结构对政策供给效果的影响并不低于政策安排。即使政策安排已经合理、有效，但不能缺少相应的支持系统保障其实施。政策执行和实施的保障就是政策结构的内容，政策结构也可以进行设计和改革，只是需要较长的时间，也会涉及更多的利益集团，难度相对较大。

第四章从法律强制力、监测机制、管理体制等方面对建筑节能政策执行能力的影响因素进行了分析，可以说政策执行力弱是建筑节能政策效果不佳的重要原因，直接影响了政策供给效率。因此，要完善政策供给，实现政策均衡，对政策结构进行设计，循序渐进地推进改革是必要的。

（三）以政策需求为基础进行政策设计

强制性制度变迁的特点是制度供给决定制度变迁，对政策需求的忽视是这种制度变迁方式的缺陷，容易造成政策供给过剩或政策供给不足，无论是不足还是过剩都是低效率的。而在政策设计时，以微观主体的政策需求为基础，能够一定程度地克服政策供给的无效率问题。在新制度经济学中，将制度供给适应制度需求的状态称为制度均衡①。

前两章的分析说明了我国的政策供给是不以政策需求为基础，是"自上而下"的政策供给模式。以地方政府的政策供给为例，几乎所有省市关于建筑节能政策从形式到内容都是相似的，没有体现出地方特色，也没有政策创新。

以需求为基础进行政策设计，一方面可以提高政策设计的针对性，得到较好的政策效果；另一方面也可以丰富政策供给的主体，企业、个人、中介机构也可以成为政策供给的主体，这也是制度创新的源泉。

总之，要实现政策需求与政策供给均衡的原则，既要关注政策供给中政策安排、政策结构的协调有效，也要推行以政策需求为基础的政策设计模式。

二　统筹兼顾各主体利益的原则

赫维茨提出的"激励相容"是机制设计理论最重要的概念。激励问题是在所设计的机制下，各个参与者在追求个人利益的同时能够达到设计者所设定的目标。在很多情况下，讲真话不满足激励相容约束，在别人都讲真话的时候，必然会有一个人，他可以通过说谎而得到好处。那么，什么时候或者在什么样的机制下人们愿意讲真话呢？只有当社会选择的规则只照顾一个人的利益的时候，这个人才有动力

---

① 张旭昆：《论制度的均衡与演化》，《经济研究》1993 年第 9 期。

讲真话，这时，其他人讲假话没有什么好处，讲真话也没有什么坏处，讲讲真话也无所谓。

在制度或规则的设计者不了解所有个人信息的情况下，设计者所要掌握的一个基本原则，就是所制定的机制能够给每个参与者一个激励，使参与者在最大化个人利益的同时也达到了所制定的目标。

建筑节能政策设计也是一种机制设计，信息不对称问题存在于政府与开发商、开发商与消费者、开发商与材料供应商、建筑所有者与建筑租用者等多对主体之间，每个主体都是个人利益最大化的，而建筑节能政策设计是要实现社会利益最大化，激励相容原理告诉我们，要通过给每个参与者相应的激励，使得其个人利益最大化的同时也实现设计者的目标。

现实中，常常出现实质制度供给与意愿制度供给不一致性的现象。利益主体各自目标不一致，与社会目标也存在差异，是导致实质制度供给与意愿制度供给不一致的原因。本小节先讨论政府和企业这两类主体对制度实际供给的影响。

政府是制度供给方，企业是需求方。企业在执行新规则时，也常常会使实际制度供给偏离意愿制度供给。企业的目标函数和约束条件决定其对制度创新的需求与权力中心对制度创新的意愿供给有较大差异。当企业具有利润动机但不能负亏时，企业对改革需求是很旺盛的。政府总是要求企业承担相应的义务，但企业总期望在承担较少义务的条件下拥有较大的自主权。目标差异常常会导致制度的需求与供给的不一致性。当出现上述不一致时，企业常会对新制度规则作出符合自身利益的理解，以机会主义态度实施新规则。

尽管在供给主导型制度变迁模式中，政府是正式制度供给的最终决策者，但非政府主体对制度创新的需求及公众对新制度规则的态度也是政府政策供给的一个重要决策变量。例如，随着市场规模的扩大、价格的变化、技术的进步等，非政府主体对制度创新的需求也会发生变化，政府一般会在可能的限度内适应这种需求，调整制度创新的方向和方式。

三 成本收益有效原则

制度选择和制度变迁都不是随意决定的，而是人们依据费用效益分析进行权衡的结果。这种权衡首先是对各种制度安排的运行效益和运行成本进行比较，选择制度净效益大于零的制度；其次是在众多净效益为正的制度中选择净效益最大的制度。在理论上，这一制度就被认为是最好最优的。现实的政策设计中，成本收益有效也应是设计的基本原则，为达到有效性的目标，政策设计者要了解政策的变动对不同利益相关者可能产生的影响。不同行为主体的效用函数和约束条件的差异决定了他们对同一政策安排的收益和成本可能有不同的标准，因此要从不同行为主体角度研究同一政策的成本收益，这对政策设计是有指导意义的。

（一）社会成本与收益

社会成本与收益是从微观经济主体行为相互联系的角度，考察某项制度安排为社会全体成员带来的收益和付出的成本。其社会收益主要表现为国民收入的增加和收入分配更趋公平；其社会成本主要表现为因政策变革而带来的不确定性增加可能产生的成本，另一种是新的政策改变了原来的利益格局，可能引发利益冲突而导致的损失。

（二）个体成本和收益

个体成本和收益是与社会成本与收益相对而言的，是从家庭、企业或某个利益团体的角度来衡量某项制度安排的成本和收益。该项收益安排可能给他们带来更多的近期或远期收益，如更高的货币收入，企业的利润留成额增加，更大的自主权等，但也要为此付出相应的代价，如可能在增加货币收入的同时减少了非货币收入，工作更紧张，承担的风险增大等。只有在收益大于成本的条件下，微观经济主体才会产生制度创新的需求或对由政府安排的制度创新持赞同的态度。

（三）政治成本与收益

新设计的政策目标往往改变现有的激励机制，试图优化当前的经济体制、管理体制，这将不仅仅是经济系统和社会系统的问题，可能对政治系统也产生一定的影响，甚至是冲击。

四 政策系统总体协调原则

前面三节讨论的是政策系统内容组分均衡问题，但政策设计除了要关注系统内部均衡之外，系统本身的协调也需要关注。政策系统的总体协调包括：具体政策安排要服从元政策、具体政策之间目标不能冲突、正式制度与非正式制度相协调。

（一）具体政策服从元政策

任何政策安排都不能孤立存在，是在上层政策的统领、平行政策的配合，还可能有下层具体政策实施方案的配合下发挥作用。因此，在政策设计时就要对这一政策可能面对的政策体系进行系统考虑。按照公共政策体系的构筑原则，政策体系可区分为以下层次：元政策、国家的基本路线、国家的发展战略、基本国策、具体政策和支持政策。

元政策是公共政策体系中最顶层的政策，它是制定政策的政策，即规范与引导政策制定行为本身的准则与指南。在我国，制定公共政策的指导思想是中国特色的社会主义理论体系。在全面建设小康社会、发展中国特色社会主义的新阶段，元政策是科学发展观。

国家的基本路线应作为制定具体政策的指导方针。它规范了一定历史阶段内制定具体政策、引导社会发展方向应采取的基本态度和应遵循的基本原则。国家的发展战略是实施科教兴国战略、人才强国战略和可持续发展战略。节约资源、保护环境属于基本国策，它们是在资源与环境领域开展实际工作的指导原则。

以元政策、基本路线、发展战略和基本国策为指导方针，依据其要求，结合我国经济和社会发展实际情况，制定具体政策。在具体政策制定中，也存在政策的层次。以建筑节能政策体系为例。首先，建筑节能政策是在节能政策和建筑政策基础上制定的，特别是节能政策。第二，在节能方面，国家目标直接影响具体政策目标的设定。我国在节约能源方面的国家目标通过两方面体现，一是"十一五"规划中提出的要在五年内实现节能减排两个约束性指标①，二是哥本哈根会议期间中国政府给出的应对气候变化的国家承诺②。第三，在国家节能政策和节能目标约束之下的建筑节能具体政策可区分为一般性的建筑节能政策和具体的行业政策，行业政策是指针对建筑开发企业、施工企业、设计部门和部品供应商等产业链上的参与者的政策。具体政策需要有保障措施才能产生政策效果，保障措施也是政策体系的一部分，即为建筑节能的支持政策，包括财政政策、税收政策、价格机制、金融政策和技术政策等（如图 6 - 1 所示）。

（二）各具体政策目标不冲突

建筑节能政策及相关的财政、税收、信贷、技术政策等构成了具体政策。这些政策本身不能存在政策目标冲突、规定不一的问题。在现实中，由于这些政策分别由不同的政府和行业部门制定，经常会出现自相矛盾的现实。前文已经提到过的，土地增值税政策和容积率计算的例子，这两项政策不是由建设部门制定的，建设部门也没有权力对政策进行修订。如果这种政策目标相互冲突的现象不能得到纠正，政策效果自然是大打折扣。

（三）正式制度和非正式制度的协调

诺斯认为："正式规则、非正式的习俗及其实施方式决定着经济绩效"。但在政策设计中，往往只重视正式制度对主体行为和经济绩效的影响，而忽视非正式制度的作用。由于非正式制度缺乏政府和法律的权威，不具有强制力，往往不受重视，但从政策存在的根本目的看，非正式制度如意识形态、文化、习惯等对行为选择的影响并不比正式制度小。

以建筑节能为例，说明非正式制度如何阻碍节能建筑发展的。

1. 生活方式

在我国，个人拥有住宅和住宅大小已经成为经济地位的象征。每

---

① 分别是到 2010 年，主要污染物（SO2 和 COD）排放总量较 2005 年减少 10%，单位国内生产总值能源消耗较 2005 年降低 20%。

② 到 2020 年，我国单位 GDP 二氧化碳排放量要比 2005 年减少 40% —45%。

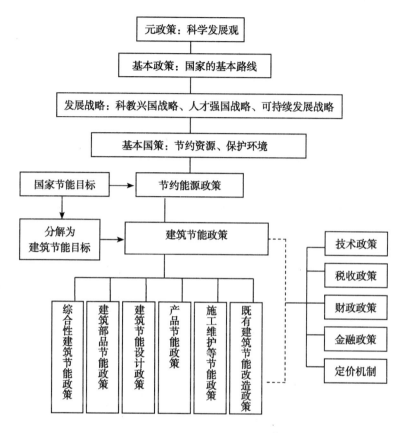

图 6 - 1　我国建筑节能政策体系示意

个家庭都渴望购买一套住宅。小住宅被视为从前艰难岁月的象征，这导致人们希望购买的住宅越来越大，即使家庭并不一定需要那么大的生活空间。这就导致了对大住宅的巨大需求以及人均居住面积的日益增加，从而增加了能源消耗。在对人均住宅面积需求不断上升的背景下，居民对舒适性的要求却没有跟上。许多人仍然没有对舒适生活的体验，不追求高质量的建筑功能，包括建筑节能。

2. 短期计划

个人选择存在短期计划的问题，这是对建筑节能投资的严重制约。在家庭层面，经常隔几年就出售住宅，然后购买更大的住宅，这已经成为一个时尚。在过去的几年中住宅价格不断提高，使得这种做法一直受到推动。因为人们可以比他们购买时更高的价格出售自己的旧住宅，然后把这笔钱投资在新建住宅上。这种做法会制约家庭投资建筑节能，因为投资建筑节能的回收期太长。短期计划也不利于购买节能家电。

3. 文化

采暖和制冷不仅是个技术问题，还是一种文化体制，是一种由人的活动方式和赋予这些活动意义的象征性结构所形成的格局。我国居民往往把政府看成是重要角色，把促进建筑节能的主要责任归于国家，这既制约了建筑节能投资，也不利于家庭的节能行为。这种文化的产生与改革之前遗留下的福利供暖和"自上而下"的政治体制有关。

可见，在政策设计中不考虑意识、文化等因素很容易影响政策效果。非正式制度在正式制度缺失时发挥了治理交易的功能，或者相匹配地增强了正式制度的实施功能。非正式制度的重视程度明显不如正式制度，原因在于非正式制度难以测度，但其重要性不应被忽视。

本节中，笔者在制度均衡理论和机制设计理论的核心思想基础上，结合政策研究的方法和建筑节能面临的现实问题，构建了政策设计的四个基本原则，用于指导具体的建筑节能政策设计。

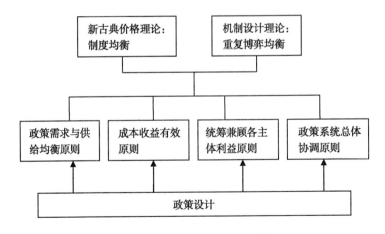

图 6 - 2　政策设计的基本原则

第二节　建筑节能政策目标与内容设计

一　政策目标

政策目标是进行政策设计的基础，只有明确政策目标才可能设计出符合各个利益相关主体需求的政策。政策目标是在分析现实问题，综合权衡各个主体利益的基础上确定的符合社会利益最大化的目标。政策目标可分为总目标和阶段目标，总目标是指政策的直接和最终目标，而阶段目标是总目标的分解，是用于指导具体的政策和行动的[①]。由于现实问题和主体利益处于不断变化过程中，政策目标又分为短期目标和长期目标。针对短期目标要制定具体的、可操作的政策，而长期目标往往是建立在对事物发展趋势预测基础上，随着外在环境的变化，长期目标要不断进行调整，因此针对长期目标只需要制定引导性的政策。

笔者认为，我国建筑节能工作总目标应该是在满足相同的室内环境舒适性要求的前提下，以最低成本降低单位面积的建筑物终端能耗。"十一五"期间，国家提出建筑节能的具体目标和短期目标：

到 2010 年末，中国所有的城市建筑物必须减少 50% 的能源使用量；到 2020 年，建筑物必须减少 65% 的能源使用量。另外，到 2010 年，大城市内 25% 的现有住宅及公共建筑物必须完成提高能效的改造工程，至于中小型城市的目标则分别为 15% 和 10%。

但是，我国建筑节能的中长期目标还未确定，导致现存政策具有短期性、试验性，不利于长效机制的建立，以激发各个主体的积极性。

在政策目标确定之后，政策设计的下一个工作是选择有利于实现目标的政策工具。

---

① 宋国君：《环境政策分析》，化学工业出版社 2008 年版。

二　政策工具

一般来说，政策工具分为三种类型：强制型、经济激励型和劝说型。关于政策工具选择和组合有大量的研究，包括三种类型政策适合解决什么样的问题、政策效果如何评价、政策工具如何组合使用等。本研究不再回顾各类政策工具的适用性，将着重分析建筑节能领域普遍使用的政策工具的特点。

政策工具的效果因为所处制度环境的不同会有很大差异，因为政策工具作用机理是调节各主体利益关系，不同制度环境下利益格局的差别决定了同样的政策工具效果各异。从这点上说，政策工具的选择也是一种政策设计，在具体实践中的经验和教训应该成为政策工具选择和设计最为重要的依据。因此，本研究将在接下来的两章中分别对新建建筑节能和既有建筑节能改造实践进行深入分析，已有的政策工具对各利益主体行为的影响也将是分析的重点。

建筑最低能效标准是最基本的建筑节能政策，确保所有的建筑物都达到合理的能效水平。自20世纪70年代石油危机以来，各国纷纷调整能源战略，建筑节能也被作为能源战略的重要组成，建筑最低能效标准成为各国首先制定的节能政策之一。虽然建筑最低能效标准在各国都被普遍采用，但政策的设计却有很大不同，最大的分歧是在强制执行还是自愿执行上。坚持标准应该强制执行的人认为强制性的建筑节能标准可以为开发企业和建筑企业提供公平的竞争市场，让在建筑节能上投入的设计师和开发企业不需要与不重视节能的对手恶性竞争。反对方则认为，建筑物需求不同，不可能制定一个适合所有建筑的标准，一旦强制性标准不够全面和灵活就会限制建筑节能设计上的创新；他们还认为强制性标准执行起来很困难。各国根据建筑节能市场发展的不同阶段和其他约束条件，有的选择强制性标准，有的则选择自愿性标准。我国是强制性标准的支持者。世界能源理事会的一项研究认为："没有任何证据证明哪一种政策安排更有效，因为政策的成功不仅在于其制定方式和准则，也在于其实施和推广的方式。"换言之，对强制性建筑节能标准本身的设计很重要，其遵守机制、执行的系统和系统化的调整等问题也是政策效果好与不好的关键。

　　税收优惠作为直接的激励手段，经济激励作用十分显著，可以鼓励超出最低能效标准的行为。税收优惠，通过设计直接或间接激励消费端的政策措施，减轻或加重相应主体的税收负担，来推动我国建筑节能工作。在我国，税收优惠政策实施要有一定的前提条件，比如建设主管部门应对新建建筑进行能耗统计，标注新建建筑节能比例，房地产开发商应对此项内容进行备案，税务主管部门依据建设主管部门提供的证明资料，可以完成对申请税收优惠的企业进行判断和审计。政府办公建筑和大型公共建筑开展强制性的能源审计，要对节能量有明确标识，也可作为依据提供给税务主管部门。

　　贷款优惠是发达国家普遍采用的经济激励手段，该政策具有乘数放大效用。美国的一项数据显示，节能贷款优惠让社会节能投资额增加2—3倍。贷款优惠是市场经济运行机制的政府调控方式，可以避免或减少财政投资的"挤出效应"，是适合我国的一项政策工具。

　　政府采购越来越成为重要的政策工具，政府既是新建建筑市场上的消费者之一，也是既有建筑节能改造市场的参与者。政府的购买及营运方式对市场有重大的影响，所以政府可以以身作则，进而对所有的新建建筑或现有建筑的改造工作提出更高的节能要求。政府庞大的购买能力对推动建筑节能市场转型意义重大。我国除了对政策采购所涉及的建筑、材料和产品有明确的更高的能效要求外，也特别制定了针对政府机构的节能要求，目的是让政府成为实施节能技术和实践的榜样。

　　建筑能效标识是鼓励建筑开发企业和消费者选择具有比强制性节能标准更高能效标准的建筑。建筑能效标识是将市场各类型建筑物作一个能效上的区分，帮助消费者获得完整的信息，影响消费者的消费决策。当消费者对节能建筑的需求增大时，就会促使开发企业采取更完善的节能措施，因此，这一标识政策也会影响开发企业的信誉和市场推广策略。除了建筑能效标识之外，全面评估和认证建筑物环保性能的绿色建筑评估及认证系统也被各国广泛采用，比如美国的 LEED 体系、日本的建筑物环境效率综合评价体系（CASBEE）、香港的

BEAM 体系。我国的《绿色建筑评级标准》与 LEED 体系标准大致一样，由住房与城乡建设部负责颁发三星级绿色建筑证书给符合标准的建筑物，地方政府负责颁发一星级和二星级的证书。

其他政策工具还包括示范项目、宣传、教育和培训等有助于提高整个社会节能意识、创造节能市场需求的政策手段。

所有的政策工具，特别是强制性和自愿性政策工具，都面临执行上的挑战。大多数时候，我们的政策效果不佳不是因为政策缺失或政策设计失败，而是因为政策执行不到位，有效的政策执行规范与决策者的政治决心和良好的制度基础有很大关系。一般认为有效的执行系统包括多种因素[①]：制定遵守手册、文件以及遵守软件；建立明确的制度架构，确定执行人员、负责职务以及执行人员的培训；合适的激励和惩罚机制；有效的检查及审核系统；有效的教育及信息宣传系统；展示成本和节能措施的示范项目等。麦肯锡公司的法雷尔（Farrell）认为，政策措施的执行实在不容易，但如果政策制定者鼓起政治决心来实施这些措施并获得企业和消费者的响应，成果将十分显著。特别是在中国，决策者的政治决心经常对某项目标的实现起着最为关键的作用。

因此，在接下来的小节将讨论我国建筑节能政策的另一个组成部分，即实施机制。

三　政策实施机制

政策的实施机制是政策体系中不可或缺的部分，对政策效果有决定性的影响。一般来说，政策的实施机制由立法监督机关、行政管理机关、司法机关和社会组织四部分构成的。而前三个机关均属国家管理系统，共同构成政策实施机制的"国家权力系统"，社会组织是由非政府组织、媒体、公众、服务机构等组成的非权力系统。社会组织虽为非权力系统，但在监督政策执行方面发挥的作用并不弱于权力系

---

① 洪雯：《绿色建筑对亚洲未来发展的重要性》，中国大百科全书出版社 2008 年版，第 75 页。

统，因为社会系统组成机构多样，有媒体作为畅通的信息反映渠道，由此监督成本更低、效果更好。

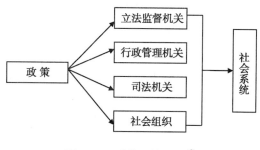

图 6 - 3　政策实施机制[①]

目前，我国建筑节能政策实施机制是以行政管理为主的系统，社会监督和司法的作用还不大。全面推动建筑节能工作是长期过程，实施机制的完善是与国家经济体制改革和政治体制改革相联系，但在推动建筑节能市场转型的政策设计中可以做一些有助于政策执行的工作。

首先，加强建筑节能政府部门之间的协调与合作。建筑节能的技术性很强，既包括建筑围护结构的节能，也包括用能系统的效率；产业链条非常长，包括设计部门、建设部门、开发企业、监理单位、供热企业、材料供应部门、技术部门等诸多利益相关者。而这些产业链上的各利益相关主体所归属的行政主管部门就更多了，因此需要部门之间有良好的协调机制，加强合作与管理。目前，由住房与城乡建设部作为建筑节能行政主管部门，但我国的节能综合主管部门是国家发展与改革委员会，建筑节能因不在发改委管辖范围内，也被排除在很多国家节能项目和优惠政策的考虑范围内，这对于国家节能战略的总目标来说是不利的，因为部门利益冲突而带来节能效果的损失是行政无效率的体现。当前形势下，各部门要对建筑节能的重要性和紧迫性达成共识，建立以住房和城乡建设部为主导，其他相关部门配合的行政管理体系。

---

① 夏光：《环境政策创新》，中国环境科学出版社 2002 年版，第 135 页。

其次，加强建筑节能队伍的能力建设。由于我国建筑节能近几年才受到重视，无论是监测、检测、管理队伍的人员、装备、资金投入方面都不完善，直接影响政策的执行。从中央到地方，要加强建筑节能监测和管理体系建设。同时，建筑能耗统计和能源审计是建筑节能中的基础性工作，也必须由国家来完成。

第三，培育和支持第三方发展，共同推动建筑节能市场转型。在发达国家，节能检测、节能标识等工作都是由成熟的非政府组织运作，前面提到社会组织是政策实施机制中的重要一环，是政府行政管理的补充。前面提到国家建筑节能队伍能力不强，而专业人才和技术都在企业，非政府组织或节能服务企业将这些资源整合，可以成为建筑节能市场转型的重要推动力，也符合"小政府"的改革方向。

第三节　建筑节能政策的支持系统

制约建筑节能的因素可能是建筑节能政策体系本身不完善，也可能是支持系统不完备。政策设计要充分考虑支持系统对建筑节能的影响，一方面利用支持系统推动建筑节能，另一方面也了解支持系统存在的问题，在远期政策设计中加以考虑。建筑节能支持体系主要包括有：能源价格改革、节能服务体系、能效标识体系、建筑能耗统计系统等。

一　能源价格改革

能源价格是决定节能措施可行性的主要因素。政府若要推广节能措施，最基本的工作是纠正扭曲的市场价格信号。从中国和美国能源价格和家庭能耗情况来间接说明上述问题。

美国是人均能源消耗量最多的国家。美国人口约 2.5 亿，近 2/3 的家庭有自己的房屋，人均住房面积近 60 平方米，居世界首位，其中大部分住宅都是三层以下的独立房屋，而且供暖、空调全部是分户设置。正因为美国住宅的这些特点，建筑节能成为一个非常市场化的指标，依赖于每个家庭根据能源价格、自身收入和生活水平等因素的选择。但与我国相比，美国的能源利用效率更低，主要因为相对较低的能源价格直接导致能源大量浪费。

表 6 - 1　　　　　　　　终端用户能源价格国际比较（2005 年）

	中国	美国	OECD 平均
高级无铅汽油/美元/升	0.488	0.626	0.819
工业用动力煤美元/吨	43.5	52.1	59.4
天然气/ 美元/m³			
工业	0.235	0.356	0.343
民用	0.248	0.538	0.551
电/ 美元/kWh			
工业	0.057	0.057	0.091
民用	0.061	0.094	0.162

资料来源：IEA，Energy Prices and Taxes，1st Quarter 2007；中国数据来自国家发改委。

从表 6 - 1 看，相对我国的经济发展水平和消费者承受能力来说，我国的能源价格比美国要高，能源价格对用户用能行为的约束非常显著。根据上海市 2004 年对 1 万户家庭的调查结果，平均能耗（包括电力和燃气）只有 973kgce/户，是美国家庭平均能耗（3320kgce/户）的 1/4—1/3。上海平均每户年耗电 2081kWh，低于美国 2001 年平均家庭空调耗电（2263kWh），是美国家庭平均耗电的 1/5。

哈佛大学研究者 Richard Newell 和 Adam Jaffe 等用计量经济学的方法对许多节能产品的技术创新方面的影响因素进行分析，他们发现，从 20 世纪 50 年代到 90 年代期间，美国大约有一半的产品的平均能效改善是受能源价格上升所迫。日本则是以节约能源法将汽油及电力价格提高到超出市场水平，迫使企业和个人节约能源。我国一直在努力推进资源类产品价格形成机制改革，目的就是约束企业和个人行为，促进能源资源的节约。

能源价格改革最迫切的是完善能源价格形成机制。首先，需要在能源价格形成机制中充分考虑在能源消费时如何有利于促进用户的能源节约意识和提高能源使用效率，而不是仅从能源供应方考虑如何收回相关成本；其次，建议在能源价格中充分考虑资源和环境成本，将多征收的大部分能源费用用做支持节能经济激励政策及相关活动的资金来源，并体现"专款专用"和"取之于民，用之于民"的思想；第三是建立基于"全社会能源消费目标管理"思路的"阶梯能源价格"体系，对"奢侈型，浪费型"的消费行为进行合理控制。例如，通过建立不同类型建筑物和居民家庭的"能源定额管理"制度，并实施"阶梯能源价格"体系。

另外一项重要的工作是加快基于市场的能源费用征收机制改革，使能源费用和能源用户的自身利益直接挂钩，从而调动能源用户的节能积极性。也就是在第 8 章将会重点讨论的供热体制改革问题。

二　建筑节能服务业

合同能源管理是一种基于市场的、全新的节能新机制，并形成了实施合同能源管理的专业化"节能服务公司"。针对不同需求，对不同建筑类型提供不同的服务是建筑节能服务的基本特点。节能服务公司既可以提供从能效审计、设计、融资、改造、运行、管理的全过程服务，又可以提供其中一项或几项服务的组合。

我国节能服务业处于起步阶段，但完善节能服务市场将对建筑节能工作起到极大推动作用，建筑节能工作面临的很多障碍将迎刃而解。比如，建立建筑节能服务市场是推动既有建筑节能改造的重要机制；可以为长期的建筑节能工作提供技术支撑；有利于政府利用市场机制对建筑节能服务实现监管和激励；有利于实现建筑节能服务市场的有序竞争。

目前，我国节能服务业发展面临的障碍包括：

项目规模障碍。与工业项目比较，建筑节能项目一般规模比较小，投资小对初期的节能服务公司是有利的，但另一方面，由于项目规模小，导致其节能收益相对较小，在项目前期投入相差不多的情况下，这一定程度上影响了节能服务公司在建筑节能领域开展其业务的积极性。

节能市场障碍。用户缺乏节能改造积极性对节能服务公司开拓节能项目市场带来很大障碍。节能服务公司参与建筑节能改造活动，会对原来的物业、后勤等相关部门的传统利益产生直接的影响。在目前公共建筑的内部管理体系中，一般由物业、后勤等部门负责系统的维护和设备的采购，并且这些部门在节能改造的决策中发挥着重要作用。然而这些部门往往都已有长期稳定的设备供应商关系，节能服务公司的介入将破坏这种既有的格局。许多情况下，他们不愿意放弃既有格局，从而影响了节能服务公司开拓节能市场。

节能量确认障碍。保障节能改造项目的节能量是"合同能源管理"模式的根本特点，因此确定节能量是基础的工作，但是影响建筑耗能量的因素非常复杂，包括运营和管理情况，用户个人行为、设备的负荷率、气候条件等，以及计算节能量的"基线"条件和能耗基数等。节能量是这些因素综合作用的结果。目前尚没有权威的测量和计算方法，因此，节能服务公司所测量出的节能量和节能效益可能得不到用户的认可，这是与用户发生冲突的另一个方面。在国外，一旦双方发生争议，有相应的第三方对问题进行重新检测，给出判决。但我国还没有明确的机构负责对此类合同争议的裁定，节能服务公司有时会面临收不到钱的窘境，影响了这种模式的发展。

银行贷款融资障碍。因为节能服务公司业务的特点决定了其进行节能改造初期就要投入大量的资金，而大部分节能服务公司属于中小企业，仅靠自身的能力无法实现。同时，银行对于这类节能项目的评估目前还没有成熟的方法，加上这些项目多数是中小项目，银行的管理成本也会相对偏高，使得节能服务项目融资困难。

项目风险。采用"合同能源管理"模式实施节能项目，节能服务公司要承担大部分甚至全部项目风险。在国外，为推动这种节能机制的发展，很多国家出台了许多财税政策优惠来支持节能服务公司开展楼宇节能改造项目。在美国，早在1995年，国会便专门针对合同能源管理新机制的推广应用进行立法，积极鼓励在政府机构中实施合同能源管理进行建筑节能改造，组织开展试点示范以及宣传推广工作。此外，国家通过征收2%—3%的电力附加费等方式建立"节能公益基金"，主要内容之一就是支持节能服务公司的节能改造活动。在加拿大，联邦政府不仅要求政府机关大楼带头接受节能服务公司的服务，同时鼓励企业和居民接受节能服务公司的服务。加拿大的六家大银行也都以资金支持节能服务公司的项目。但是，目前在我国支持节能服务公司的具体财税优惠政策很少。

为解决上述障碍，2010 年 4 月，国务院转发《关于加快推行合同能源管理促进节能服务产业发展的意见》，提出了解决障碍合同能源管理的融资、税收、会计等问题的针对性政策措施。而与《意见》配套的操作细则——《合同能源管理技术通则》国家标准随后于 5 月 25 日通过审查。6 月 8 日，财政部公布将在 2010 年安排 20 亿元，用于支持节能服务公司采取合同能源管理方式。

资金保障

除了国家财政支持之外，各地方也给予合同能源管理相应的政策支持。比如，甘肃省日前下发了《关于加快推行合同能源管理促进节能服务产业发展实施意见的通知》，提出到 2012 年，甘肃省将扶持培育 15—20 家专业化节能服务公司，发展 3—5 家综合性大型节能服务公司。节能服务公司实施合同能源管理项目取得的营业税应税收入，暂免征收营业税；对其无偿转让给用能单位的因实施合同能源管理项目形成的资产，免征增值税。节能服务公司实施合同能源管理项目，符合税法有关规定的，自项目取得第 1 笔生产经营收入所属纳税年度起，第 1 年至第 3 年免征企业所得税，第 4 年至第 6 年减半征收企业所得税。

同时，还鼓励商业银行等金融机构根据节能服务公司的融资需求特点，创新信贷产品，拓宽担保品范围，简化申请和审批手续，为节能服务公司提供项目融资、保理等金融服务。节能服务公司实施合同能源管理项目投入的固定资产可按有关规定向银行申请抵押贷款。积极利用国外的优惠贷款和赠款加大对合同能源管理项目的支持力度。

拓宽融资渠道

融资问题是目前困扰节能服务企业实施合同能源管理项目的一大难题。合同能源管理机制的实质是以减少的能源费用来支付节能项目全部成本的节能业务方式。这种节能投资方式允许用户使用未来的节能收益为工厂和设备升级，以降低目前的运行成本，或者节能服务企业以承诺节能项目的节能效益或承包整体能源费用的方式为客户提供节能服务。而对于节能服务企业来说，前期的技术、设备、人力等投入成为其发展的"拦路虎"。只有解决融资问题，才能打通节能服务企业发展的核心脉络。

当前，我国合同能源管理的融资渠道非常有限，节能服务企业往往要拿出自有资金垫付节能改造项目工程款，而一个项目从动工改造到资金完全收回短则3—5年，长则10年以上。由于资金周转期较长，造成大量合同能源管理项目搁浅。针对这一情况，今年6月北京环境交易所启动了中国合同能源管理投融资交易平台。该平台将合同能源管理作为一种交易品种公开挂牌交易，意在吸引社会投资参与节能改造，解决节能服务企业的融资困境。

另外，合同能源管理的发展还需要拓宽融资渠道，比如说银行贷款、上市融资等。

第三方认证

在法律法规、操作细则以及融资渠道不断完善的同时，合同能源管理要想实现快速发展，还需要第三方认证机构的介入。

目前，由于我国从事合同能源管理业务的节能服务企业大多数都是从原来的节能技术公司转变而来，没有足够丰富的操作经验。对于这些企业来说，实施合同能源管理项目很可能遇到最终节能量发生争议的问题。因此，随着大量节能服务企业的兴起，对于第三方认证机构的需求与日俱增。

有关节能量及第三方认证机构的认证认可工作，目前国家暂未进行统一管理。但一些地方已经开始培养第三方认证机构，如北京市节能环保中心通过招投标严格筛选确定了5家节能审核机构。

作为第三方认证机构，节能量审核机构的公信力以及专业水平备受关注。目前节能量审计缺乏权威认证，且对支付模式无明确政策规定，节能服务企业风险较大。第三方认证机构应该具有综合性的专业水平。对于建筑节能量的审核，不仅需要考虑技术因素，还需要考虑气候、市场等层面的因素对于节能量的影响。

三 建筑能效标识制度

建筑能效标识管理是近年来在发达国家发展起来的一种节能管理方式，它是一种基于市场化的运行机制，是对强制性的能效标准及行政监管的有效补充。建筑能效标识能够使建筑节能领域的信息趋于公开，解决了目前建筑节能领域存在的信息不对称现象，有利于培育公众的建筑节能意识，带动节能建筑的市场需求，大力推进建筑节能。

我国的建筑能效标识还处于试行中。2004 年，原建设部颁布了《全国绿色建筑创新奖管理办法》；2006 年 3 月实施国家标准《住宅性能评定标准》；2003 年底颁布，"绿色奥运建筑评估体系"；2006 年初颁布，《绿色建筑技术导则》，建立了绿色建筑评价体系。

建筑能效标识作为一种自愿性的政策工具，是强制性节能标准的补充，有利于消除开发企业与消费者之间、开发企业与政府之间的信息不对称，更重要的作用是政府由对工程建设中建筑节能质量的直接管理模式转变为对建筑终端能效的间接管理，由此将大大降低政府行政管理成本。

目前我国还没有专门的建筑能效标识，只有绿色建筑评价标识，后者虽然更全面，但与建筑节能工作的衔接上还有些问题，因此，国家应在条件成熟的情况下，建立专门的建筑能效标识，作为强制性节能标准的补充。

四 建筑能耗统计

建筑能耗统计属于能源统计的范畴，但目前我国的能源统计只针对工业能源使用进行统计，建筑能耗统计则被分割在能源消费的各个领域，无法核算。随着建筑节能在国家能源战略中地位越来越重要，客观反映建筑真实能耗状况、为标准和政策的制定提供数据支持的需求也更强烈。因此，建立我国能耗统计制度非常有必要，也相当迫切。

第四节　小结

本小节在制度均衡理论和机制设计理论基础上，提出了建筑节能政策设计的总体思路，包括四个原则，分别是政策需求与供给均衡原则、统筹兼顾各主体利益原则、成本收益有效性原则和政策系统总体协调原则。这四个原则将被用于指导后文的新建建筑节能政策设计和既有建筑节能改造政策设计。

从总体上提出建筑节能政策设计的目标和内容。我国建筑节能工作总目标，是在满足相同的室内环境舒适性要求的前提下，以最低成本降低单位面积的建筑物终端能耗。政策工具选择和实施机制的安排应当以此为目标进行。

建筑节能政策不能孤立存在并发挥作用。包括能源价格改革、节能服务体系、能效标识体系、建筑能耗统计系统在内的建筑节能支持体系是建筑节能政策设计时必须考虑的政策环境，这些支持系统的发展是和整个经济社会发展与改革联系在一起的，支持系统发展得好，建筑节能工作可以轻松推进，而支持系统得不到有效发展，将极大制约建筑节能政策效果。

第七章

新建建筑节能政策设计

第一节　导言

中国当前正在经历一场史无前例的建筑业大发展，突出表现为，在原有 450 亿平方米总建筑面积的基础上每年新增建筑面积 20 亿平方米。与此同时，每年都有大批的房屋被拆掉，取而代之的是新建建筑。如此大的年增长量，再加上建筑本身具有的耐久性的特点，新建建筑节能对于我国的建筑节能工作有着决定性影响。新建建筑达不到节能要求，直接影响节能目标的实现。另一方面节能改造的成本比新建时达到节能标准的成本要高得多，因此从全局和长远考虑，新建建筑节能是建筑节能工作的基础和重中之重。

新建建筑节能，除了严格执行国家标准之外，还要激励社会对更高标准节能建筑的供给和需求，通过政策引导，解决节能建筑的潜在经济优势无法迅速转化为直接的市场动力这一障碍。

目前，我国新建建筑节能市场有两个发展方向：一是通过强制性节能标准让所有新建建筑都达到最低能耗要求，在此基础上鼓励开发更高节能水平的普通建筑；二是"节能"、"绿色"已经与"高端"、"奢侈"画上了等号，开发商青睐高端的节能建筑或是绿色建筑，虽然售价很高，但在当前房地产市场向好的环境下，销售不愁，这类节能建筑的市场规模有逐步扩大趋势。新建建筑节能市场的第二个发展方向与政府设定的政策目标是不一致的，政府的初衷是鼓励通过采用简单技术、低成本的方式实现建筑节能，而不是走高价、奢侈、只有少数人才能消费得起的建筑节能之路。

本章将根据上一章提出的政策设计的四个原则，即政策需求与供给均衡原则、统筹兼顾各主体利益原则、成本收益有效性原则和政策系统总体协调原则，对我国新建建筑节能政策设计进行分析，并提出相应的建议。

首先，根据政策需求与政策供给均衡和统筹兼顾各主体利益两大原则，本章将分析新建建筑节能市场利益主体行为作为重点内容，通过对各主体目标函数的分析，发现其与社会目标的差异，为政策设计找到切入点；其次，将利益主体的个体目标与现有政策供给对比分析，因为新的政策安排需要在已有的政策体系内综合考虑政府和主体各自的成本收益，以及保持政策系统总体协调一致。

第二节　新建建筑节能市场利益主体行为分析

节能的建筑首先是一种商品，它从生产到消费背后需要多个群体共同支撑，这些群体同时构成一条完整的产业链。作为这一产业链条的不同环节，政府、开发企业、设计机构、建设机构、产品供应商、行业协会、消费者、金融机构乃至媒体，都在节能建筑的发展历程中扮演着不同的角色，它们在由建筑的设计、建造、销售、使用等行为组成的价值链中展开合作，共同创造并分享着节能建筑带来的生态和经济价值，成为推动建筑节能发展的重要力量和影响因素。

产业链是从一种或几种资源通过若干产业层次不断向下游产业转移直至到达消费者的路径。前文已经提到过建筑产业跨越第二、三产业，其产业链以建筑物为最终商品。从建筑的建造到销售使用过程，前后延伸，并辐射带动相关产业形成产业链条。

在整个产业链体系中，房地产企业、施工企业、材料与部品供应商是产业链的主要成员，各成员通过土地获取、规划及设计、工程施工、建材生产、销售、物业管理六个环节完成建筑开发的整个流程。有的企业可能兼具多个开发流程职能，如很多开发商拥有自己的施工企业和物业公司。

这一价值链条也不是单向运动的，而是由多种因素共同作用形成的多维的价值网络，相关主体在某一制度环境下，遵循信息、利益共享、风险共担的原则。

本节将分别分析主要的参与方，包括开发商、政府、设计部门、部品供应商和消费者在建筑节能方面的行为选择。

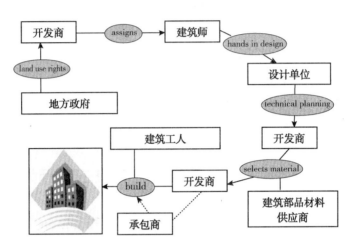

图 7 - 1　中国新建建筑领域的行为者

一　中央政府

无论从理论分析还是国外实践来看，中央政府要在建筑节能发展中扮演重要的角色。市场经济条件下，推动建筑节能发展的中央政府的角色定位应该是：

首先是建筑节能理念的倡导者和先行者。要解决建筑节能面临的观念问题，教育是根本环节，而在建筑节能教育方面，政府有着不可比拟的推动力度与公信力。因此，除了强制性的政策规定，政府可以通过不同渠道倡导建筑节能，对企业和居民进行正确的引导。在建筑节能的实践方面，政府在其影响的范围内，率先贯彻节能理念，也是一种很好的教育方式。我国的《民用建筑节能条例》也规定：国家机关办公建筑所有权人应当对建筑的能源利用效率进行测评和标识，并按照国家有关规定将测评结果予以公示，接受社会监督。

其次是政策制定者。制定政策是政府的基本职能，建筑节能政策包括两个层面，一是相关的法律、标准、规章等制度文本，另一层面是如何保证上述文本得以有效贯彻，包括与它们相配套的监督、扶持机制，如激励性财政政策等。发达国家的经验表明，以市场机制为基础的引导性政策往往要比强制性的法律法规对突破节能建筑所面临的经济障碍更有帮助。研究者们认为，政府与市场建立起协作（而非管制）的关系，往往会取得较好的效果，例如税收、贷款优惠等激励性政策、交易许可证制度等都更容易推动市场采用有利于环境可持续发展的方式运转。在第四章中，笔者分析了我国建筑节能政策结构和政策体系存在的问题，实际上，这些问题也反映了政策与市场行为协调上的偏差。

再次是技术研发的支持者。由于与可持续发展相关的技术研究大部分是基础性的，短期看起来并不十分实用，而且大多数时候，它们的收益是作为一个整体回馈社会，因此对于单个企业而言，无法立即从这样的研究中获得很大的收益，同时这些研究一般规模较大，大部分私人企业没有这样的财政和学术能力，因此支持基础性技术研发，成为政府不可推卸的责任。

中央政府对建筑节能问题的认识不断深化，虽然目前的节能减排和低碳经济发展中节能对象主要是工业，但建筑的高耗能问题已经得到中央政府重视，近年来集中出台大量的法规和政策，有步骤有计划地在推动建筑节能工作。我国自上而下的建筑节能模式已经初步形成。

这种自上而下的模式在建筑节能工作起步阶段十分重要，但政府不能忽视对市场的培育，在下一阶段需要通过激励政策和完善的评价、认证机制来鼓励微观经济主体参与建筑节能工作，形成自下而上与自上而下相结合的节能工作新模式。

二　地方政府

前文提到，通过连续五年进行建筑节能专项检查，监督地方政府加大管理力度，使得新建建筑强制性节能标准的执行率有较大提升，但专项检查工作组发现未纳入重点检查范围的中小城市执行率普遍低于大城市，反映出地方政府和相关主管部门有监管不力的嫌疑。

　　住房与城乡建设部的调研还显示地方政府并不热衷推行民用建筑节能标准。有的地方只是下发文件，却不抓落实；有的地方只是下达建造若干万平方米节能建筑的任务，没有要求全面实施节能标准；一些开发商对建设主管部门更是表面一套背后一套，按节能标准设计图纸，却不按照图纸来施工，结果做出来的建筑还是不节能，地方建设主管部门也是睁只眼闭只眼。有的开发商甚至连节能图纸也不设计。县市一级政府更是采取应付的态度，不少县市领导认为搞建筑节能可以缓一缓，连地方建设主管部门也是这种想法，导致建筑节能工作在地方迟迟难以推广①。

　　地方政府监管不力背后的深层原因是什么？自90年代以来，房地产业一直是地方财政收入的重要支撑。近年来房价持续攀升，房地产开发商与地方政府之间紧密的利益关系对于房价的影响也成为社会关注的焦点。同大量承包商通过竞争取得工程情况不同，中国民用建筑市场的开发商数量有限，垄断市场结构是开发商在建设过程中处于中心地位的原因之一。开发商与政府间良好的关系是开发商运作的前提条件，这是行业内普遍认同的行业规则。

　　近日，《市场报》刊登了一则报道，一位在珠三角和广西、云南多年从事楼盘开发的房地产开发商自述了亲身经历的楼盘开发"灰色产业链条"。这位姓蒋的房地产开发商坦言："楼盘开发成本只占房价的20%，开发商能够拿到其中40%的利润，余下超过40%的利润全部被相关职能部门'层层消化'掉了。"② 南昌红谷置业投资有限公司总经理汪某曾提供了一份其开发的楼盘项目"地中海阳光"的成本清单。这份清单显示在3946.61元/平方米的成本价中，土地使用权取得费用（楼面地价）701.61元/平方米，前期工程费是95.37元/平方米，房屋开发费每平方米1828.23元，管理费94.82元/平方

---

① "地方政府并不热衷推行民用建筑节能标准" http：//www. jiuhua. net/shownews. asp? id = 2487。

② "开发商曝房价灰色产业链：四成利润职能部门吃了"载于《市场报》，2007年。

米，财务费 170.48 元/平方米，销售费用（90% 为媒体费用）160 元/平方米，其他费用 201.1 元/平方米，税费 695 元/平方米。汪某"清算"了政府从中的收益：一是土地使用权取得费用（楼面地价）701.61 元/平方米；二是前期工程费中的"可行性研究费" 2 元/平方米；三是房屋开发费的 8.33% 即 152 元；四是管理费中涉及政府的达 50% 即 47.41 元；五是税费 695 元/平方米。几项合计约 1600 元/平方米，超过了房价的 1/3。此外，政府还要从购房人手中收取税费和房屋维修基金等费用。从这份成本清单也可以看出，开发商是利润的第二大主体①。

开发商自曝的利益分配的具体数字，是不是权威，我们不得而知，但有一点可以肯定，房地产市场的"灰色产业链条"是真实存在的。一个有力的佐证是，全国每年有大批官员因此落马。

房地产相关的税收中，很大一部分归地方所有。土地出让金的一大块直接划入地方财政。这些是地方政府在房地产市场攫取的"合法利益"。地方政府、部分开发商，甚至包括金融机构和媒体已经组成了强大的"利益联盟"。房地产市场的利润分为两层，一层是看得到的房地产商的利润，一层是看不到的利润。

在海量的城市建设和开发任务面前，开发商一方面影响上游规划、土地、原材料供应，另一方面主导下游建筑和装饰市场，许多地方政府需要通过房地产扩投资、拉内需②。地方政府在处理与房地产开发商关系时的投机性决定了其被开发商"俘虏"而牺牲社会公共利益的可能性是很大的。

地方政府与开发企业之间的利益关联不利于建筑节能工作的开展，而通过将建筑节能纳入地方政府政绩考核之中，是目前最为迅速、可行的方式。"十一五"期间，节能减排作为约束性指标纳入地方政府政绩考核之中，改变了地方政府"唯 GDP 是从"的状况，节

---

① 《楼盘"成本清单"揭高房价利益链 谁是最大赢家》，《经济参考报》2009 年 10 月 27 日。

② 胡安东：《不应让房地产成为地方政府名利场》，《东方早报》2009 年 12 月 22 日。

能减排约束性指标基本完成。可见，政绩考核方式对地方政府行为选择有着决定性的影响。

虽然建筑节能是地方政府节能工作的一部分，而国家建设主管部门也将建筑节能工作开展情况作为对地方政府考核的指标之一，但目前这种考核还仅限于建设主管部门对其直属下级部门的考核，约束力不强。另外，由于建筑能耗缺乏完善统计等各种原因，建筑节能目标不是以节能量，而只是以新建建筑达标率、既有建筑节能改造面积等作为衡量建筑节能工作开展情况的指标。在下一步工作中，需要建立建筑能耗统计制度，在此基础上逐步将建筑节能工作纳入对地方政府和相关部门的绩效考核中。

三　房地产开发商

在现阶段和今后相当长的时期内，房地产业都将是我国经济发展中的基础产业和主导产业。从概念来看，建筑节能活动与建筑业和房地产业这两大行业都有密切联系，但紧密程度又有所区别。首先，建筑节能的对象仅是建筑个体，而非建设过程，因此，建筑建设过程中的能源消耗和节约问题并不包括在"建筑节能"这一概念之中。本文选用的是狭义的建筑节能概念。其次，既然建筑节能的对象是建筑个体，那么建筑节能活动就与房地产业有非常紧密的联系，因为房地产业的最终产品就是建筑个体，这个个体的能耗情况是由建设过程中各个环节共同决定的，而统一协调并做出最终决策的就是房地产开发商。

房地产业主要是开发、经营和管理业，而开发过程中的房地产的建造，通常是由建筑业者来承担的（如图7－2所示），所以房地产业总体上属于服务行业，而且是新兴服务行业。由于房地产业中的房产建设是由建筑业来完成的，显然建筑业和房地产业有着一种相互依存的关系，它们是相互邻近的行业。也正因为如此，有许多房地产公司发展到一定规模以后，就成立了自己的建筑公司。同样，有许多建筑公司发展到一定规模以后，就成立了自己的房地产公司，它们原本就是相辅相成的。

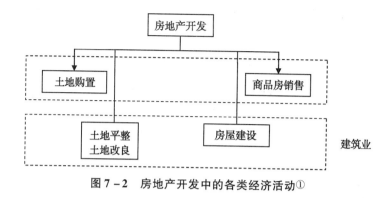

图 7－2　房地产开发中的各类经济活动①

中国房地产开发的特点是线性的价值链和相对有组织的行为者群体。在建筑产业链中，房地产开发商掌握着土地资源，并直接面对市场，也最有可能引导市场，可以说，开发商是价值链的起点，也是价值链中最重要的一方。

首先，房地产开发商在建筑节能产业链中处于主导地位。房地产开发商是建筑节能过程中最重要的微观经济主体之一。房地产开发商向政府部门申请项目许可和土地使用许可之后，委派建筑师进行建筑设计，设计方案完成后，开发商选择建筑材料（即选择建材供应商）并开始施工。根据能力的不同，一些开发商用自己的工程队进行施工，一些开发商需要将施工部分外包给承包商。总之，开发商需要整合规划设计、建材供应商、工程施工及监理、销售、物业管理等各方面的资源，共同完成节能建筑的建设。在市场经济体制下，房地产开发商的态度决定了我国建筑节能的发展进程。因为往往开发商是建筑开发的全程参与者与组织者，在与建筑节能供应链其他参与者互动过程中自然也处于优势地位。而消费者的需求、相关政策与法规的健全是企业开发节能建筑的外部激励因素。

房地产是中国碳排放最大的一个行业，在目前全世界都在倡导低碳理念的背景下，节能、低碳的行为可以使房地产开发商获得更佳的

① 李德智、李启明、徐星、孙雍容：《房地产开发生态效率模型构建及实证分析》，《建筑经济》2009 年第 6 期。

市场机会。国内几家大的房地产企业，如万科、招商地产、锋尚国际等，已经开始通过开发一些示范性、实验性的节能建筑来表达自身绿色环保节能的意愿。这是建筑节能发展初期，开发商以此来试探消费者对节能建筑的接受程度，另一方面，也是通过这些已经通过国际认证的节能低碳建筑来展示企业的前瞻性与社会责任，提升企业形象。因此，从宏观角度出发，经济实力较强的开发商在建筑节能发展过程中扮演一个积极的推动者的角色。

其次，以逐利为基础的房地产开发商，在政策体系不健全、利益得不到保证的情况下，不会轻易进入建筑节能领域。因为开发商有两个特性：一是更多地关注项目短期效益。因为需要承担建筑开发的土地成本、设计与建造费用的大部分，通常会面临一定的贷款压力，开发商一般都更关注项目的短期效益。大部分开发商对于开发以节能等为特征的建筑产品的兴趣，更多取决于这些产品前三年的市场价值，"环境友好"对于这些开发商而言，只有在有助于提高其产品的销售速度和销售价格时才最有意义①。另一个是规避风险。节能建筑的实践对于开发商来说，也是新的事物，采用新技术和新材料，需要更多的专业知识，需要产业链上各主体之间的协商与合作，而这部分交易成本需要开发商自己来承担。从开发商的角度而言，大部分首先会依据国家有关的强制规定做节能，等政府部门来培育建筑节能市场，其实是借助政府的力量降低节能建筑实践的风险。

四　部品和材料供应商

建筑节能的效果与节能材料和部品的性能有很大的关系，可以说节能材料和部品是建筑节能最基本的要素。在建筑节能产业链中，部品和材料供应商是技术提供者，也是建筑节能技术产业化的主要承担者。目前，我国部分建筑节能材料和部品技术，如双层玻璃幕墙、真空玻璃、Low-e 玻璃、温湿独立控制空调系统、溶液除湿新风系统等，

---

① 黄献明：《绿色建筑的生态经济优化问题研究》，博士学位论文，清华大学，2006 年。

都已经达到或接近国际先进水平，而且技术产业化进程开始加快，毕竟先进的技术必须经过产业化才能被市场接受。

在建筑节能产业链中，占主导地位的是开发商，包括材料选择也是开发商的权利。数量有限的开发商可以在大量材料和部品供应商中进行选择，在选择建筑材料时，大部分开发商由于不懂建筑设计对材料的需求，往往选择最便宜的，完全不考虑其节能方面的性能。目前的价值链责任分担原则阻碍了节能材料和部品进入建筑节能市场。但个别规模较大的开发商，依靠其对市场的影响力，开始热衷于节能建筑的开发与推广，比如锋尚、当代集团，因为关注节能，会主动寻找产业联盟的机会，希望与材料和部品供应商进行充分的信息交流和合作。目前，这种产业联盟现象越来越多，从另一个侧面说明建筑节能市场正在逐步形成。

五　设计单位

建筑节能的效果虽然与建筑材料、部品的性能有密切关系，但它们并不是决定建筑节能效果的唯一因素。即使某建筑物所使用的材料、产品及设备全部满足节能产品性能标准要求和质量要求，也不能保证该建筑物就一定是节能建筑。主要原因在于，建筑物的节能性能受建筑的设计、施工及运行管理等环节的影响很大。

房地产开发商在整个房地产开发产业链中处于核心地位，有选择设计单位的权力，因而设计单位节能选择比较被动。但对新建建筑来说，节能设计是推动节能的最佳办法。建筑物的设计应考虑建筑物所在地的气候条件对节能材料进行选择，根据当地采光、遮阳等状况，也要根据建筑物所处区域环境的现实状况进行建筑设计。对于采暖空调设备的选择应避免设备的选型过大及系统部件设计不合理，否则即使设备本身的节能性能再好，也将使建筑物在运行过程中无谓地浪费大量的能源。作为主要决策者，开发商可决定建筑设计和能效。

设计部门的主导地位没有体现出来。设计部门是引领行业发展的，需要意识领先，可以说建筑节能产业链各部门最容易接受建筑节能的应该是设计部门。但目前，设计师非常被动，这与国外以设计为主导的状况有非常大的差别，中国的设计师只对开发商负责任，听命于开发商，几乎没有主动权。房地产商受社会和用户需求的引导，要迎合用户口味，一味追求花哨和外表，这其实与节能设计是背道而驰的。

设计和施工同时进行的模式不利于从设计上推进建筑节能。我国建筑界的一贯作业模式是设计和施工独立并同时进行，许多开发商依赖固有的设计模式并且重复使用其他建筑的设计元素，只在施工后期加入新的设计元素，设计师要在最合理、最省时以及在最短的开发期限内满足开发商的要求，这使得外墙设计以及建筑系统之间的配合无法达到最佳化。设计时间不足所导致的另一个问题就是暖通空调系统过大。暖通空调系统通常是最大的能耗系统，占建筑物能耗的60%。在建筑最初设计阶段就考虑到节能问题可以达到最大的经济利益，但是设计与施工同步就只能采用较大的暖通空调系统，因为所需面对的风险更小一些。

专栏：上海世博会远大馆——节能设计与节能材料结合实现建筑节能

在远大馆可持续建筑里，倡导了人们积极、细节化的低碳生活方式。把窗户设计得小一点、窗户玻璃做成三层、建筑物外墙添加保温材料，无需太多的高科技含量。

在可持续建筑里，有一间温度在零下20度的房子。这个房子上有三扇不同的窗户，一个是三层玻璃的窗户，一个是两层玻璃的窗户，一个是单层玻璃的窗户，明显的可以看到单层玻璃窗户上结满了水珠，而且用手触摸能明显感觉到寒冷，双层玻璃和三层玻璃上没有水珠，而且三层玻璃的温度明显高于双层玻璃。"这表明使用三层玻璃的传热系数最小，节能率最高达91%，这样为空调省不少能耗。"解说人员告诉记者。

除了在窗户上做文章，外墙的处理也是建筑节能的一个重要方面。保温层厚达30厘米的时候，传热系数仅为0.1W/m2oK，节能率高达96%，保温层为10厘米时，传热系数为0.36W/

m2oK，节能率为86%，而没有任何保温层时，传热系数高达2.7W/m2oK，节能率为0。

设想一下，一座建筑建好之后它的温度是恒定的，但是随着外界空气交换的过程室内的温度产生了变化，但是建筑内部和外部又必须实行空气交换，在这个过程中夏天热空气进来，冬天冷气进来，所以如果利用新风循环系统的话，那么交换的就仅仅是空气，而室内的热量被保存下来了，这就逐渐取代了空调，对于节能又起到了重要作用。

六 施工、建设和监理单位

施工阶段对于建筑工程质量的重要性是不言而喻，这一阶段对于建筑节能效果的影响也是很大的。《民用建筑节能条例》规定："施工单位有对进入施工现场的墙体材料、保温材料、门窗、采暖制冷系统和照明设备进行查验，不符合施工图设计文件要求的，不得使用的责任。"如果施工单位在施工阶段不按照施工图设计进行合理的操作，会导致设计中的节能意图不能得到实现，致使系统不能正常运行，造成能源浪费。而对于进入施工现场的节能材料，如果施工工艺不成熟或者配套的技术不过关，如保温砂浆的问题，将会造成墙体开裂、渗漏，严重影响保温工程的质量[1]。

《民用建筑节能条例》中明确规定了建设单位[2]的建筑节能责任，包括：建设单位虽然不直接作工程的设计和施工，但由于其有选择设计单位、施工单位的权利，有权对工程提出质量要求，因而是决定工程质量的关键。

由于工程的建设投资、投资效益的回收以及工程质量后果都由建设单位承担，因此，建设单位有权选择自己认为合格、合适的材料。"按照合同约定由建设单位采购墙体材料、保温材料、门窗、采暖制

---

① 尹波：《建筑能效标识管理研究》，博士学位论文，天津大学，2006年。

② 这里提到的"建设单位"与前文提到的开发商在某些项目中职能是一样的。

冷系统和照明设备的，建设单位应当保证其符合施工图设计文件要求"①。

强制性标准是保证工程质量的基础性要求，违反了这类标准，必然会给工程带来重大质量隐患。在实践中，由于市场的激烈竞争，目前的建筑市场已由原来建筑企业为主导，转变成建设单位为主导，建设单位常常从自身经济利益出发，采取各种方式明示或暗示要求设计单位、施工单位违反工程强制性标准。因此，建设单位行为不规范成为建设活动不规范的重要原因，加强对建设单位行为的监督管理，并设定相应的法律责任和义务十分必要。

七 消费者的行为选择

当节能建筑将环境成本内部化后，会最终反映到产品的价格上，消费者所能接受的"价格弹性"取决于替代品的多寡、生态产品的成本—效益率等多种因素，同时当前人们所处的体验经济背景也不容忽视，即一部分消费者在解决温饱问题之后，为了追求更好的体验会愿意付出比一般产品更为高昂的价格，如何显化节能建筑的体验效益，也成为推动节能建筑消费的重要方面。

消费者是建筑节能市场供需关系中的需求方，是建筑节能产业链条可以顺利运转的最终动力，这一群体的消费观念与取向将直接影响开发商的节能建筑开发决策，并进而影响建筑节能发展的速度。

基于中国的特殊国情，建筑的消费者主要承受建筑全生命周期中的使用费用（按照租期规律，每个企业承受建筑5—15年的使用成本），而且无法享受建筑场地的再出售价值，因此节能建筑良好的环境经济综合效益，对于消费者而言具有很大的吸引力。以办公、商业建筑的租户为例，虽然建筑的使用成本仅占这些企业支出的一小部分，但空间的舒适度（受温湿度、采光环境和室内的空气质量等因素影响）可以深刻影响使用者的创造性，低舒适度会降低员工的工作效率，这种隐性的企业效益损失将远大于建筑的租用成本本身。住宅的

---

① 《民用建筑节能条例》。

消费者也面临同样的境况，由于节能建筑的全生命周期成本要远低于仅满足普通标准的建筑，以略高的短期成本为代价换取长期的高使用效率，应该是一笔不错的交易。

（一）节能建筑消费的宏观特征

依据建筑的开发—使用关系，可以将不同的建筑划分为三种类型：自建性项目，包括如政府办公楼、学校、医院等公益性建筑和大型公司总部、自宅等由企业或个人出资建造和使用的建筑。由于投资、使用的一体化，业主的全生命周期意识最强，会自觉地关心从初投资到使用成本等全程经济性；出售性项目，这类项目以商品住房为主，开发商只负责建筑产品的生产，因此急于从房屋的销售中回收全部的建设初投资，一般不会主动考虑建筑使用阶段的成本消耗，即使考虑了相关影响，也会将由此带来的成本提升全部纳入房价中，增加了消费者的压力。作为使用者，业主虽然希望未来的使用成本得到有效的控制，但在面临房价的压力时，通常也会做出让步和妥协，从而牺牲建筑的全生命周期价值；出租性项目，作为以经营性为主要目标的建筑类型，这类项目对于投资的考虑更多是短期性的，业主对建筑成本的考虑除了建造等初投资成本外，未来的成本预期受到租户的直接影响，如果租户是成本取向的，则业主很可能不会为提升建筑全生命周期价值增加过多的初投资，而假如租户是质量取向的，业主对全生命周期理念的积极性就会提升。因此，这类经营性建筑的全生命周期性能，将不仅取决于投资者的战略思考与判断，也取决于租户的现实需求。

（二）节能建筑消费的微观特征

虽然在理论上，大部分理性的消费者都应该是节能建筑的支持者，但是由于信息的缺乏、市场的封闭、风险的不确定性、各种动机的混杂、政府引导的不力以及各种自相矛盾的价格信号等不利因素的影响，使得消费者对是否真正需要节能建筑、为之要付出多大的经济投入感到茫然。这时多数人会持观望态度。

越来越多的研究表明，在节能建筑全面走向成熟之前，市场会积累下一个庞大的潜在消费群体，这股力量释放的快慢，将取决于政策引导的力度、教育宣传的正确性、支撑技术的成熟度以及相关制度的完善等诸多外在的因素。

第三节　各主体间利益关系对政策供给的影响

建筑活动都是社会协作的结果，需要不同利益主体的协调配合，因此为了建立起有利于建筑节能发展的政策体系，需要了解节能建筑产业价值链条中各利益相关者的定位及其互动关系。

一　中央政府与地方政府：目标责任制约束

在中国特殊的社会、政治、文化背景下，强势的中央政府在节能建筑的发展中起着主导性作用。目前这种主导性更多表现在其作为节能建筑运动的发起者与推动者、评价标准等相关政策的制定者的方面，而在如何主动利用市场机制，引导社会与经济的力量共同推动节能建筑发展等方面还有许多欠缺。中央政府设定总体目标，这一目标按照某种特定方式分解给省、市、县各级地方政府，中央政府对目标完成过程进行监督、检查，并根据目标完成情况对地方政府进行评价。中央政府对地方政府的这种管理方式是一种目标责任制的软约束。目标责任制是一种正式制度，但由于没有完善的运行机制，导致其对地方政府的约束不强。这种正式制度的非正式运行模式将会减轻地方政府对正式制度的预期，会导致政策执行在地方遇到阻力，另外，不反映地方意愿的这种目标分解方式也不利于激发地方政府的创新能力。

目标责任制是中央政府督促地方政府积极推动建筑节能活动的有效政策手段，但需要将其运行机制正式化、法治化。一方面要保证目标分配的合理性，要充分考虑地方政府意愿和能力；另一方面要建立更加透明和切实的地方政府责任机制。但仅仅依靠目标责任制恐怕难以解决建筑节能困境，因为我国科层体制固有的惯性会导致外生制度遭到不同程度扭曲，使单一的行政手段面临困境。从长期看，政策设计要将经济手段、法律手段与行政手段相结合，以更好地发挥作用，同时通过建设公民社会为政策的执行提供良好环境。

二　政府与开发商：委托代理关系

在建筑节能领域，无论是中央政府和地方政府都是政策制定者，房地产开发商是主要的政策接受者，双方的博弈结果影响着政策走向。下一节将针对政府与开发商的博弈展开论证，以从理论上获得有助于政策设计的结论。

三　开发商与消费者：成本收益分担

开发商追求利润的最大化，节能建筑的利润要达到其预期，才能激发其积极性。简单来说，节能建筑的建造成本和销售价格共同决定了节能建筑可以给开发商带来的利润。建造成本取决于建筑材料的价格、技术水平以及节能建筑的生产规模，短期内，在建筑材料价格和技术水平一定的情况下，扩大节能建筑的供应规模能形成规模效应，可降低节能建筑的建造成本。因此一些发达国家在节能建筑发展的起步阶段向开发商提供经济激励，鼓励其扩大生产规模，降低成本，当建造成本降低到一定程度时，则终止经济激励。销售价格受预期能源费用节约数额的影响很大，如果市场存在信息不对称，节能建筑就很难获得比非节能建筑更高的销售价格。

预期能源费用节约是影响消费者购买节能建筑的重要因素，消费者是节能建筑发展的最终推动力，对开发商行为有重要影响。但由于节能建筑市场是信息不对称的，对消费者预期的影响很大。信息不对称情况下，购买者预期能源费用节约较低，节能建筑的转让价格也会降低，对于节能建筑的需求量也将下降。

因此，通过能效标识、节能建筑评级等政策手段，解决建筑节能市场存在的信息不对称问题，防止不诚实的卖方把低节能建筑当作高节能建筑在市场上出售，影响消费者预期。消费者最终将成为节能建筑的最大受益者和主要的支持者。

四　产业链上的团队协同

开发商作为建筑商业行为的主要组织者，在节能建筑的发展中也扮演着至关重要的角色，改造传统的房地产开发模式，尽早引入专业团队进行协同设计，将有利于实现开发机构商业目标和节能建筑市场转型的共赢。

在整个节能建筑价值链条中，设计机构所扮演的角色比较特殊，因为他们虽然既不直接参与节能建筑价值的分享，也不具备政府的管理职能，但他们却是节能建筑经济价值与环境价值规律的主要研究者，也是将这些规律用于建筑设计的直接实践者。

五　政策供求评价

除了综合性的建筑节能政策之外，建设部门也颁布了专门针对新建建筑节能的政策，包括《关于加强民用建筑工程项目建筑节能审查工作的通知》（建科［2004］74）、《关于新建居住建筑严格执行节能设计标准的通知》（建科［2005］55号）、《关于发展节能省地型住宅和公共建筑的指导意见》（建科［2005］78号）、《实施工程建设强制性标准监督规定》（建设部令第81号）和《国家住宅产业化基地试行办法》（建住房［2006］150号）。这些政策较全面地规定了新建建筑节能各利益相关者的职责（如表7-1所示）。

表7-1　　　　　　　　约束性政策的作用主体和内容

建筑节能 相关主体	现有政策规定
建设单位	◇ 不得在建筑活动中使用列入禁止使用目录的技术、工艺、材料和设备 ◇ 不得明示或者暗示设计单位、施工单位违反民用建筑节能强制性标准进行设计、施工，不得明示或者暗示施工单位使用不符合施工图设计文件要求的墙体材料、◇ 保温材料、门窗、采暖制冷系统和照明设备 ◇ 组织竣工验收，对不符合民用建筑节能强制性标准的，不得出具竣工验收合格报告
设计单位	◇ 不得在建筑活动中使用列入禁止使用目录的技术、工艺、材料和设备 ◇ 应当按照民用建筑节能强制性标准进行设计、施工、监理

续表

建筑节能 相关主体	现有政策规定
施工单位	◇ 不得在建筑活动中使用列入禁止使用目录的技术、工艺、材料和设备 ◇ 应当按照民用建筑节能强制性标准进行设计、施工、监理 ◇ 应当对进入施工现场的墙体材料、保温材料、门窗、采暖制冷系统和照明设备进行查验 ◇ 保温工程在保修范围和保修期内发生质量问题的，应当履行保修义务
监理单位	◇ 应当按照民用建筑节能强制性标准进行设计、施工、监理 ◇ 发现施工单位不按照民用建筑节能强制性标准施工的，应要求施工单位改正
施工图设计文件审查机构	◇ 应按照民用建筑节能强制性标准对施工图设计文件进行审查
房地产开发企业	◇ 应当向购买人明示所售商品房的能源消耗指标、节能措施和保护要求、保温工程保修期等信息 ◇ 在商品房买卖合同和住宅质量保证书、住宅使用说明书中载明
建筑节能测评单位	◇ 不执行国家标准和规范或者出具虚假的测评报告的
地方政府	◇ 凡建筑节能工作开展不力的地区，所涉及的城市不得参加"人居环境奖"、"园林城市"的评奖，已获奖的应限期整改，经整改仍达不到标准和要求的将撤消获奖称号 ◇ 不符合建筑节能要求的项目不得参加"鲁班奖"、"绿色建筑创新奖"等奖项的评奖

　　表7-1中的信息显示，强制性节能标准是新建建筑节能最核心的政策手段，为了保证标准的执行，还颁布监督、评估和惩罚等相关措施。我国新建建筑节能政策体系最突出的特点是约束性为主，这是第4章得到的结论。对于新建建筑节能市场而言，利益相关者众多，相互之间利益关系纷繁复杂，多种政策工具组合使用是最有效的方式。

　　笔者赴美期间所在的研究小组曾就"地方政府的绿色建筑政策"这一主题网络调查了近一百位设计师和开发商，其中三个问题与本研究有密切关系，虽然调查的是美国的情况，但美国绿色建筑发展所面临的障碍与中国现在的情况几乎一样，调查结果对我国建筑节能政策供给有借鉴意义。

　　首先，关于"绿色建筑发展面临的最大障碍"这一问题，设计者与开发商的选择基本一致，绝大部分设计者（56%）和开发商

（41%）认为"预期成本增加"是最大障碍，而另一选项"实际成本增加"分别只得到15%和13%的被调查者的认同。影响参与人行为选择的因素未必都是经济学理论所假设的理性的、经济的，"预期"已经被认为是影响经济人行为的重要因素。

另外，两者还共同认为"缺乏相关知识和技能"是阻碍绿色建筑发展的主要障碍之一；对开发商来说，"消费者不愿支付更高价格"、"建筑标准不健全"也是障碍之一，因为开发商直接面对消费者，而建筑标准也是对开发商的直接约束。

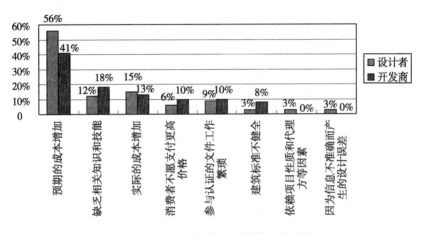

图7-3 绿色建筑发展面临最大的障碍

其次，关于"除了直接补贴之外，最有效的激励政策"这一问题，设计者和开发商的选择有很大差异。对于开发商来说，有效的激励政策排序分别是："建设用地密度奖励"（83%）、"项目审批优先权"（75%）、"开发费用部分或全部返还"（58%）、"营销/宣传/奖励"（42%）和"贷款优惠"（17%）；而对设计者来说，有效的激励政策排序分别是："营销/宣传/奖励"（71%）、"税收返还或抵免"（47%）、"项目审批优先权"（41%）、"建设用地密度奖励"（18%）、"开发费用部分或全部返还"（18%）、和"贷款优惠"（6%）。

第三，关于"绿色建筑发展最重要的驱动力"这一问题，双方也有差异。开发商认为前三位的驱动力分别是："对绿色建筑的认识"

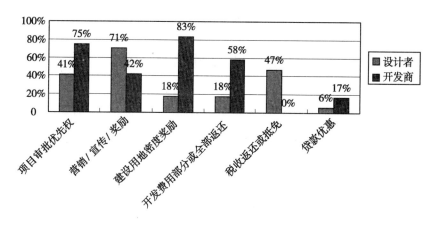

图7-4　除了直接补贴外，最有效的激励政策

（44%）、"绿色建筑带来的商业价值和经济利益"（13%）、"对当前和未来能源价格的考虑"（10%）；设计者认为的前三位分别是："代理方的要求"（26%）、"绿色建筑带来的商业价值和经济利益"（17%）、"对绿色建筑的认识"（14%）。

　　设计者对问卷给出的各个驱动力偏好比较平均，而大多数的开发商认为社会对绿色建筑的认知将最终推动绿色建筑市场的转型。

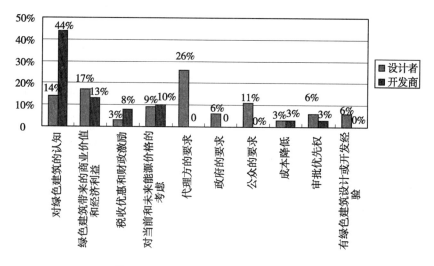

图7-5　绿色建筑发展最重要的驱动力

这一调查结果与我国建筑节能市场上开发商和设计者的态度基本

吻合，可以给政策设计提供一定借鉴。

第四节　激励开发商的政策设计：代理理论角度

本节的目的是通过分析政府与开发商之间基本的委托代理模型的问题，探讨如何进行有效率的政策设计。下文将要讨论的理论结果全部可以在 Holmstrom 的两篇经典文献①中找到，这些结果也被几乎所有的关于委托代理理论的研究者所引用，因此，本节不再对理论内容进行回顾，只是概述委托代理关系的基本结构，然后从中引出了政策设计的命题，为在政策体系内构造激励的想法提供基础②。

一　基本模型

一个参与人影响着决定另一个参与人利益的技术，前者称为代理人，后者称为委托人。政府和开发商是新建建筑节能活动中两个重要的主体，根据7.1节的描述可知，对于"新建建筑的能耗状况"这一信息来讲，开发商是信息优势方，而政府则无法掌握完全的信息。因此，政府是委托人，开发商是代理人。

用 $A = [\underline{a}, \bar{a}] \subset R$ 表示开发商可采取的行动的集合。代理人的行动可看做其为委托人利益所做的努力。开发企业的行动可以看做其为实现政府利益（或遵守政府要求）所做的努力。

尽管在某些特定情况下，政府或许可以推断开发商将采取什么行动，但本模型仍假设政府无法观测到开发商的行动（或至少无法证实其行动），只能观测到行动产生的结果或收益（比如房屋售价或其他市场信号）。

用函数 π（a）表示收益，其中 $a \in A$ 表示开发商所采取的行动，

---

① Holmstrom, Bengt. (1979). 'Moral Hazard and Observability.' Bell Journal of Economics 9 (2): 74—91.

　　Holmstrom, Bengt. (1979). 'Moral Hazard in Teams.' Bell Journal of Economics 13 (2): 324—340.

② 本节分析框架参考戴维·韦默在《制度设计》一书中的论证逻辑。

并假定 π 是 a 增的凹函数。用 $c(a)$ 表示开发商采取行动 a 的成本。

　　假定政府的利润偏好是这样的：从能源节约中获得的货币收入 m 中得到的效应就等于 m，而开发商对货币收入和他采取行动的偏好就由 $m-c(a)$ 表示。

　　委托代理关系的根本问题在于双方的偏好不同，委托人希望代理人多努力以获得更高的效应，而代理人则希望少努力以降低成本。委托代理理论的目标就是要确定对双方都有利的安排——尤其是分享委托人收益的方法，它使得偏好的分歧不至于严重到阻碍参与各方从合作中获得收益。

　　在新建建筑节能市场中，政府与开发商分享收益的规则是怎样的呢？这是非常重要的一种政策设计。

　　设定 s 表示开发商从事有利于建筑节能活动所能获得的收益。

　　要确定有效率结果的集合，解以下规划：

$$\text{amx}\,\pi(a)-s \qquad (1)$$

$$a, s$$

服从于 $s-c(a) \geqslant \bar{U} \qquad\qquad (2)$

　　当开发商的收益大于等于某个特定的效用水平 $\bar{U}$ 的条件约束下，使委托人的收益实现最大化；通过改变 $\bar{U}$ 的大小，我们可以画出关于委托人和代理人效用的帕累托边界。将约束条件（2）代入式（1）中，于是得到 $\pi'(\tilde{a})=c'(\tilde{a})$ 或 $(\tilde{a})\,a^*$；然后，利润分配使得 $s=\bar{U}+c(a^*)$。可以看出，当 $\bar{U}$ 变化时，如果要有效率，代理人的行动就必须等于 a^*，这时对最终利润的任何分配方式都是有效率的。

　　实现有效率结果的一个合理的方法是采取一项十分简单的分享规则——实现利润的分配为利润的函数，其中委托人获得固定数量，剩余的全部归代理人。这就激励代理人采取有效率的行动，因为现在他的偏好与社会偏好相一致。这一规则是委托代理理论基础的结论，对于政策设计的意义很大。比如，如果开发商能获得扣除政府收益之外的节能活动的全部利润，其积极性会得到极大调动，会激励开发商采取有利于社会收益最大化的行动，因为这样的制度安排使得社会收益与开发商私人收益基本一致。

另一方面，分享规则要求双方必须事先承诺这项规则，即同意不违背达成的分享规则。是可以把这个问题看作导致参与双方要求有第三方执行分享规则的机制的问题。也就是说，如果分享规则的实施不在委托人和代理人手里而是由外部有强制执行能力的第三方控制，承诺的问题就解决了。这就导出了有效率制度设计的第一条原则：

结论1：存在对第三方强制执行合约的要求，因为这样会使委托人和代理人双方都得到好处。

强制执行机制的关键在于作为分享规则基础的信息能被机制所证实。例如，第三方必须具备识别收益水平的能力——确认怎样算违背了合约。更一般地，结论1说明了委托人和代理人如何有动力去设计他们的关系，以把第三方包括到他们相互作用的结构之内。

二　隐藏行动和风险分担

上述模型假定政府获得的收益是开发商行动的确定性函数，但本节将严格约束条件，认为如此精确的推断是不可能的，因为收益不仅是开发商行动的函数，也是随机变量 θ 的函数，即收益为 π (a, θ)。依然假设政府只能观察到最终收益，而不能观测到开发商选择的行动。从政府的角度看来，观测到的一定水平的收益，可能是由于开发商较高的努力水平，加上较低的 θ 值，也可能是开发商较低的努力水平，加上较高的 θ 值；这时政府面临的问题是把这些因素区分开来。

如前，我们假定政府从收益 m 中获得的效用收益就等于 m，这样政府关于收益就是风险中性的。另一方面，开发商可以是风险中性的，也可以是风险规避的，如果是风险规避者，那么，获得确定收益 m 就优于获得期望值为 m 的收益。与上一节相反，本节的结果关键就取决于属于这两者中的哪一种类型。一般来说，代理人对收入和行动的偏好用 $U(m, a) = u(m) - c(a)$ 来表示，其中，$u' > 0$，$u'' \leq 0$，$u'' < 0$ 表示代理人为风险规避者。

当前的目标是明确怎样的政策设计能让政府和开发商之间的互动

更有效率。用 $f(\cdot)$ 表示随机变量 θ 在 R 上的分布函数，$f(\cdot)$ 表示相应的密度函数。

有效率的结果可以由下面的最优规则表征：

$$\max \int [\pi(a,\theta) - s(\pi(a,\theta))] dF(\theta) \qquad (3)$$

$$a, \ s(\cdot)$$

服从于

$$\int U(s(\pi(a,\theta)) \quad \alpha) dF(\theta) \geq \overline{U} \qquad (4)$$

即在开发商期望效用大于等于某个底限的约束条件下，使由开发商行动和分享规则决定的政府的（期望）净利润最大化。

式（3）和（4）分别与上一节的式（1）和（2）相似，只是多个随机变量，因此，给出的任何解都是这个问题的所谓古典效率解（或最优解）。显然，如果开发商是风险规避者，任何古典效率的安排都必须是政府承担收益随机性的所有风险。在这种情况下，一个追求效用最大化的开发商会相应地选择尽可能低的努力水平。为了使安排符合开发商追求效用最大化的行为，要给方程加上激励相容约束：

$$a^* \max \int U(s^*(\pi(a,\theta)), a) dF(\theta) \qquad (5)$$

即面对分享规则 $s^*(\cdot)$，开发商会选择 a^* 以实现效用最大化。式（5）作为约束条件包括进来，就得到了所谓的激励效率（或次优）解，它与前面的古典效率（"最优"）解相对应。同样，如果开发商是风险中性者，他将采取有古典效率的行动，但当开发商为风险规避者，如果有激励效率的分享规则要使开发商采取成本最小的行动，那么分配规则就必须是不固定的，由此开发商承担了一些风险，这些风险将通过分享规则得到补偿。

激励效率解表明为激励开发商采取有成本的行动而设计的不固定的分享规则与给代理人的风险补偿之间存在替代。因此可以得到以下结论：

结论2①：如果代理人是风险规避者，激励效率解将产生不固定的分享规则，代理人的努力水平低于古典效率解下的努力水平。

换句话说，激励效率解与古典效率解有两方面的不同：代理人承担了一些风险；代理人的努力水平低于社会最优水平。

三　额外信息的价值

得到结论 2 后，本节要讨论的是制度如何对结论 2 所包含的内容作出反应。将上一节的模型再做一下扩展，允许政府观察到一个外部信号 y，将它放入分享规则。这样，就可以把分享规则写成函数 s（π，y），并假定外部信号 y 也能像 π 一样能被第三方证实。我们的想法是 y 或许能够提供一些关于随机变量 θ 的额外信息，因而政府可以更好地把开发商采取的行动对利润的影响与噪音项 θ 分开。本节要回答的问题是：何时把信号 y 写入分享规则才是最优的？

我们消掉随机变量 θ，并用 g（π，y；a）表示收益 π 和外部信号 y 的联合密度函数，得到似然率 g_a（π，y；a）/g（π，y；a），它揭示了某个实际的效用水平在多大程度上更可能来源于代理人较高的努力水平。只有当外部信号会影响似然率时，它才应该进入分享规则。另一方面，如果 g_a（π，y；a）/g（π，y；a）等于某个函数 k（π，a）——即独立于 y——那么，y 在这个推断问题中就毫无作用。这一点可以表达为：当且仅当下式成立时，该结论成立：

对所有的（π，y）

$$g（\pi，y；a）=h（\pi，y）k（\pi，a）\qquad (6)$$

当且仅当式（6）不成立时，才存在激励相容的分享规则 s（π，y）帕累托优超于仅依赖于利润的激励效率的分享规则 s（π）；如果 y 提供了任何 π 不包含的信息，那它就应该进入最优分享规则。

这个结论对于有效率的制度设计是重要的。

如果 π 和 y 在统计上是独立的，就可以把 y 看作是政府对开发商

---

① Holmstrom, Bengt. (1979). 'Moral Hazard and Observability.' Bell Journal of Economics 9 (2): 74 - 91.

行动直接监督得出的信号，因而仅靠观察收益得到的分享规则就是最优的。在此意义上，对代理人（开发商）表现直接或间接监督所得到的任何信息都应该进行最优分享安排，也就可以得到下面的结论。

结论3[1]：存在对代理人行动监督的需求，因为关于代理人行动的任何额外信息都能导致帕累托改善。

当然监督是有成本的，上述结论并没有考虑到委托人愿意为这种监督支付多少，但它表明对代理人进行监督的需求是如何产生的。而且，如果其他个人能比委托人观测到更多关于代理人行动的信息，那么把它们包括进来成为安排的一部分将产生帕累托改善[2]。这与结论1中通过把第三方包括进来形成有效率的制度设计是一致的。另一方面，委托人自身也希望能在最大可能的范围内监督代理人的行为，因为监督产生的任何效率收益都能通过分享规则由委托人得到。这与利用外部人作为监督者相反，外部人需要获得激励才会这样做。

四　对政策设计的启示

（一）关注开发商偏好

政府推动节能建筑发展的意愿非常强烈，近年来，在政府强力推动示范和大力宣传的努力下，节能建筑已经得到越来越多的关注，打着"节能、低碳、绿色"口号的明星楼盘大量涌现。政府和开发商分别是节能建筑的市场监管者和供给者，但双方的偏好有非常大的差别。

政府进行节能建筑宣传和政策发布时，一直反复强调通过采用被动式节能技术，进行合理设计，节能建筑并不一定会比传统建筑有更高的成本。比如，专家曾估算要达到节能60%的国家标准，相对原有建筑的造价会增加5—7个百分点，而且所增加的成本在5—8年的

---

①　Holmstrom，Bengt.（1979）.'Moral Hazard and Observability.' Bell Journal of Economics 9（2）：74 - 91.

②　戴维·L. 韦默主编：《制度设计》，费方域、朱宝钦译，上海财经大学出版社2004年版，第41—42页。

时间内就可以收回①。政府从节约资源、保护环境的立场出发，发展建筑节能是要追求全社会效益的最大化，无疑是希望节能建筑走"平民化"的道路，人人都可以享受节能与舒适。

而目前各大开发企业的节能低碳的楼盘不约而同走的都是贵族化路线，依靠主动式节能技术，造价高昂、舒适性高，"绿色＝昂贵"已经日益深入人心，在社会上形成了与政府的倡导完全不一致的节能建筑概念。

在前文中已经分析了开发商对待节能建筑的态度。在是否提供节能建筑，提供何种技术水平和舒适度的节能建筑的问题上，影响开发商决策的因素一方面是政府的态度和动向，另一方面就是购买者的需求。从这个角度看，开发高端的、贵族化的节能建筑是开发商基于上述两大影响因素做出的理性选择。

因为对于普通消费者来说，价格对其住房选择的影响是第一位的，他们并不是节能建筑的购买者，节能建筑真正的购买者是高收入群体，他们经济实力雄厚，节能意识超前，愿意为节能和舒适性的环境投入更多资金。在这种情况下，开发商为了降低技术风险和赢得高端客户对于高品质的要求，必须要选择进口材料、应用国外技术、甚至雇用昂贵的国外设计师，这也是当前节能建筑陷入高端困境的原因。

政府推动节能建筑的巨大决心通过逐渐严格的建筑节能标准等政策手段向开发商传达，影响着开发商的预期，他们不会放弃节能建筑这个有广大市场前景的产业，但是他们的选择依然遵循着基本的市场规律，就是技术在没有实现产业化之前都是相对昂贵的，总需要第一批实践者为初期的高成本买单。从这一层面看，以舒适度作为一种回报，吸引资金相对雄厚的群体为产业化发展提供第一次动力，不失为一种具有市场可行性的节能建筑推动策略。另一方面，以利润最大化为首要目标的开发商，在当前政策体系不健全的情况下，选择了风险相对较小、利润空间更大的高端产品作为开发节能建筑的切入点，也

---

① 王京：《绿色物语：建筑节能曲高和寡 绿色建筑还有多远》，人民网 2005 年。

是符合其利益最大化选择的①。

在市场的选择与政府所代表的社会目标不一致时，政府只有通过政策设计，使开发商满足自身利益最大化的选择，也能最大程度上帮助政府实现其社会目标。目前，我国建筑节能政策体系中对于开发商的激励性政策还很少，建筑节能的收益大部分由政府获得，这样的分享规则不利于开发商的节能选择。

（二）开发商面临的风险

社会认可风险。对于节能建筑这种在短期内社会收益大于私人收益的准公共物品，根据发达国家的推广经验，需要依靠政府主导和优惠政策，逐步形成企业与消费者之间的基于经济利益和社会责任双重考虑的良性互动。目前，我国中央政府对建筑节能的重视和支持是空前的，但是由于前文提到的众多问题的存在，建筑节能政策尚不完备，部分政策效果也不理想，整个社会的节能和绿色意识并未形成，在这种情况下，追求自身利益的开发商主动参与建筑节能活动存在着社会认可的风险，许多开发商为避免出现"鞭打快牛"的状况而选择观望。

政策风险。从现有的与建筑节能相关的政策来看，强制性的政策偏多，奖励性的政策很少，专门针对开发和销售环节的激励性政策更少。

技术风险。目前我国建筑节能方面的技术人才严重不足，这直接导致政策制定的失误和企业投资存在大的风险。比如，相关政策规定夏热冬暖地区建筑的外墙保温要做好，但是实践证明对于夏热冬暖地区来说，遮阳和通风才是比较重要的。建筑节能除了依靠设计之外，还需要尝试一些新的技术，但是新的技术未经市场检验，能否获得其应用的价值也是不确定的，这些风险都要由开发商一并承担。

供应链系统改变的风险。建筑节能的理念会引起整个供应链系统的变化，交易成本可能过高。

---

① 黄献明：《绿色建筑的生态经济优化问题研究》，博士学位论文，清华大学，2006 年。

（三）第三方是市场转型的催化剂

第三方的角色在前文没有进行分析，但其重要性也不容忽视。这里的第三方组织包括民间组织、行业协会等非政府组织，他们在节能建筑发展的过程中，扮演着和政府相似的角色，他们同样需要面对几乎所有的相关群体，提供相应的标准，不同的是没有政策的制定权和政府的强制力、公信力，但民间组织与行业协会比政府更为灵活，可以对节能建筑发展提出更高的要求①。

第五节　对新建建筑节能政策设计的建议

一　政策设计思路

政策设计以利益相关主体个人目标与社会目标的差异为切入点。新建建筑节能的社会目标是以低成本实现单位面积建筑物终端能耗降低的目的。要实现这一目标需要做两个方面的努力，首先要保证所有新建建筑物都符合国家强制性节能标准（节能50%或65%），其次要鼓励提供和购买更高能效水平（节能高于65%）、较低增量成本建筑的微观经济主体，以帮助其实现市场转型。这样的目标和努力符合社会大多数人的利益，从社会公平性角度讲，能保障大多数人享受到节能建筑带来的经济效益和环境效益。

提供和购买更高能效水平、较低增量成本建筑的微观经济主体有强烈的政策需求，而现行政策体系中没有针对其利益诉求的相关条款，因此需要补充相关政策。而对于高端的节能建筑，开发企业有供给意愿，市场也有接纳能力，应尊重市场规律，仅提供规范市场行为的相关政策即可。

政策设计通过适当的政策工具选择和政策组合实现成本收益的有效性。上一章已对各种政策工具的特点和适用性进行了分析，新建建筑节能的两个方向对政策工具的需求很明显，约束性政策保证最低要

---

① 黄献明：《绿色建筑的生态经济优化问题研究》，博士学位论文，清华大学，2006年。

求的建筑节能标准实现，激励性政策则促进更高能效水平建筑的市场供求。约束性政策与激励性政策共同作用才能最终实现建筑节能的市场需求拉动。

通过精巧的政策设计可以轻而易举地解决复杂的利益相关主体的冲突。主体之间有着紧密的利益联系，政策设计要考虑到整体的效应。有效的政策组合可促进节能措施的实施。一方面，制定和实施法规的"推力"，建立并执行法定的最低要求；另一方面，以市场为基础，非法规的"拉力"作为互补力量，鼓励各项投资实现超过法定要求的绩效。整合的建筑节能政策通过数项政策为供需双方提供推拉力，效果比单独实施任何一项政策更加显著。

政策设计不仅要考虑短期需要优先实施的政策，还应考虑长期的政策安排。

二　约束性政策

目前要优先制定或实施的约束性政策应该是强制性节能标准和节能材料及技术的国家标准体系。在两大优先领域，针对不同主体进行政策设计。

第一，国家要继续坚持对新建建筑节能标准执行情况进行专项检查，检查范围应由特大城市和大城市扩大到中、小城市，将每年进行专项检查的任务交给省级政府，由国家建设主管部门组成联合工作组再对省级政府专项检查情况进行抽查。

第二，继续坚持要把节能性能作为建筑质量验收最重要的指标之一，达不到国家标准的建筑不予竣工验收和使用，并对设计和施工单位施以包括吊销资质在内的处罚，以保障新建建筑节能标准在设计和施工阶段的执行率。由国家和地方建设主管部门负责进行过程抽查，抽查结果向社会公开。

第三，逐步建立建筑节能材料、建筑节能技术国家标准。国家建设主管部门、节能主管部门、科技部门会同标准制定机构分步骤制定建筑节能材料和技术相关标准。首先对主流技术和重点技术制定统一的能效标准；对市场出现的新的集成设备或技术的研发、应用和推广提供政策引导，出台指导性的技术政策。

三　激励性政策

（一）建筑节能专项资金

我国建筑节能工作需要大量、稳定的资金支持，目前公共财政对建筑节能支持力度不够，而且大部分财政资金以支持节能项目的是短期和阶段性的形式在使用，不足以支持我国建筑节能工作持续开展。建筑节能专项资金来源稳定，拨付方式灵活，适合用于支持建筑节能工作。美国节能公益基金就是很成功的案例，"能源之星"项目得到顺利开展并取得良好效果，第三方机构的运行保障，都是由于这一基金的支持。这一基金联合其他如现金补贴、减免税、贷款优惠等措施，有效地调动了节能设备、产品生产商提供和消费者购买节能产品的积极性。

建筑节能专项资金的来源应以公共财政投入为主，以新型墙体材料专项基金、建筑节能相关税费等收入为辅。要参照国外经验，将建筑节能列入国家和各级地方财政预算中，在财政预算中专项列支，统一划拨到建筑节能专项资金中，这样可以保证建筑节能资金的稳定性。辅助收入中，可以考虑将墙体改革专项基金的一部分纳入建筑节能专项资金，用于建筑节能工作，也可以解决很多地方出现的墙改基金大量沉淀的状况；因违反国家节能法规而缴纳的罚款也可作为专项资金的辅助来源；也可以发行专项国债筹集资金；还可能通过加强国际合作，吸引境外投资。

建筑节能专项基金可用于对开发企业、建筑企业和购买者的经济激励，也可用于对节能材料和技术的引进和推广，对优秀的设计单位、开发企业、节能建筑项目、地方政府的奖励，支持第三方参与建筑节能，加大宣传、教育和培训工作等。

（二）税收优惠

从建筑的全生命周期来看，对建筑的生产建设单位实行税收优惠可以提高建造节能建筑的积极性，对销售阶段的房地产开发企业以及购买者给予税收优惠可以有效避免节能建筑的空置率，对持有阶段的建筑使用者给予税收优惠可以保证节能建筑性能长期稳定。本研究仅是一种税收优惠政策的假设，希望可以对政策制定提供一定的参考，具体的税率设定等还需要根据实际情况进一步验证。

开发企业：对提供高于65%节能标准的非高端建筑的开发企业给予税收优惠，优惠税种包括营业税、城市维护建设税和教育费用附加费用、土地增值税、城镇土地使用税和企业所得税等。营业税，建造此类型建筑的开发商，在经过相关的检验检测机构的认证后，可以享受减免30%原应缴营业税额的优惠政策；城市维护建设税和教育费用附加费用，建造此类型建筑的房地产开发商，纳税所在地为市区的，享受5%的税率优惠，所在地为县或镇的享受1%的税率优惠；土地增值税，建造此类型住宅的房地产开发商，增值额未超过扣除项目金额25%的，免征土地增值税；城镇土地使用税，建造此类型建筑的房地产开发商，在建筑销售前，免征城镇土地使用税；企业所得税，允许建造此类型建筑的房地产开发商固定资产实行加速折旧的方法，免交资本利得税。

建筑企业：对提供高于65%节能标准的非高端建筑的开发企业给予税收优惠。营业税，建造此类型建筑的建筑企业，在经过相关的检验检测机构的认证后达到节能65%以上，可以享受应缴营业税额减免30%的优惠政策；企业所得税，允许建造此类型建筑的建筑企业固定资产实行加速折旧的方法，免交资本利得税。

购房者：对购买此类型建筑的购房者给予税收优惠。契税，对于购房者及此类建筑二手房买卖的消费者，实行1.5%优惠契税税率。一旦国家开征房产税后，可对购买此类建筑的购房者给予相应的减免优惠。

对税收优惠政策实施的建议：（1）建设行政主管部门委托的检验检测机构应对房地产开发商建筑节能标准检验工作严格把关；（2）对房地产开发企业和建筑企业的年终财务审计时，要将因为建造低能耗建筑而享受的税收优惠作为重点内容来进行审计监督；（3）对节能建筑实行的税收优惠政策要配合国家对房价的宏观调控政策，由于两项政策的调控方向不同，避免出现政策冲突，保证两项政策的调控效果；（4）在政策制订过程中要尊重建筑行业的整体情况，重新设计合理税率与政策，保证建筑行业与国民经济的整体协调发展。

（三）贷款贴息

贷款贴息是指由企业或个人向银行贷款进行投资活动，公共财政代为支付部分或全部贷款利息，由投资者自身负责贷款本金和其余利息的偿还。贷款贴息是一种间接投资引导机制，是一种投资杠杆，它通过杠杆放大效应，以少量的财政支出引导大量的社会资金的投资方向。

贷款贴息政策的主要对象是房地产开发商、节能服务机构和消费者，具体政策安排设想如下：

房地产开发商：提供节能 65% 以上的非高端建筑（部分尚使用节能 50% 标准的地区可对达到 50% 及以上的建筑适用此政策）可享受贷款额度 2% 的利息补贴，享受贴息年限为 2 年；节能效果更为显著的建筑可提供贷款额度为 4% 的利息补贴，可享受贴息年限为 3 年，标准由各地根据实际情况来设定。

消费者：对于购买此类型建筑的消费者给予购买房贷款 2% 的利息补贴，贴息年限为 3 年。

对贷款贴息政策实施的建议：（1）贷款贴息需要稳定的财政资金作为支持，因此确保每年用于贷款贴息的专项资金的稳定性非常必要。可以考虑根据每年的节能计划在建筑节能专项资金中安排贷款贴息资金，实现财政资金的专款专用；（2）贷款贴息方式和操作程序应简单、易行，以免在实际操作中发生变形，影响投资者的积极性；（3）对于商业性公共建筑业主的贴息政策应考虑时间限制，政策实施的年限应予以规定，即该政策不应一直实施。

（四）政府采购

政府采购是指各级国家机关、事业单位和团体组织，使用财政性资金采购依法制定的集中采购目录以内的或者采购限额标准以上的货物、工程和服务的行为[①]。政府采购一方面可以扩大节能建筑和相关产品的市场需求，另一方面政府行为代表了市场的发展方向，对市场

---

① 摘自《中华人民共和国政府采购法》。

形成有重要的引导作用。

四　完善建筑节能产业链

制约建筑节能的重要因素之一就是相关技术体系不匹配，节能部品和材料的发展远不能满足建筑节能的需求。目前建筑节能材料和技术市场的主要问题有：建筑节能部品、材料市场不规范，市场上存在大量"节能建材"，开发企业和建设单位因缺乏鉴别能力而无从选择；建筑节能部品、材料供应能力不足，开发企业和建设企业普遍认为市场上缺乏优质高效的节能部品和材料；国内达到节能标准要求的、可靠的建筑节能技术没有形成体系，导致出现盲目引进国外材料和技术，抬高节能建筑成本。

近年来，国家出台一系列推广新型墙体材料的政策，取得了很好效果。但还需要进一步完善建筑节能部品、材料和技术市场，以支持建筑节能市场转型。

建立建筑节能技术、部品和材料统一的鉴定和检测平台。技术、部品和材料的检测标准需要统一，由国家级和省级的建筑能效测评中心负责检测，对建筑节能部品和材料的保温隔热性能进行检测，对建筑节能技术进行鉴定，报告可以作为企业申请国家资助和奖励的证明。

建立统一的检测平台，对建筑节能部品和材料自愿性的认证。节能部品和材料的专业性强，但相对建筑物的能效认证和环保性能认证来说，难度还不是很大。建立起国家认证制度对于规范建筑节能部品和材料市场很有帮助。

完善信息交流平台。建筑节能新技术和新材料的供需双方已经通过产业联盟、各种展销会的形式进行信息交流，如果能通过第三方建立长期的、可靠的信息交流平台，将有利于完善新技术和新材料的扩散机制。

五　中长期政策选择：住宅产业化

住宅产业化是发展节能建筑的重要路径，只有从根本上改变建筑

"制造"方式的随意性，才能最终实现建筑节能和绿色的目标。

住宅产业化就是采用工业化的方式生产住宅，是欧美发达国家流行的一种房屋开发方式，楼梯、墙体、外墙面砖、窗框、卫生间等都可以标准化批量化生产，然后在现场进行拼装。这种产业化建设和工厂化预制配件，使建筑施工转型为工业生产，使建筑项目在建筑施工周期上大大缩短，对于能源资源消耗、建设成本、人力物力、成本预算、劳动强度的降低都有巨大的好处。

据了解，住宅产业化比例达到 10% 意味着将减少 10 个杭州西湖水的污水排放，减少用电量相当于葛洲坝一个月的发电量，相当于减少 9000 公顷森林砍伐。

从 2002 年在全国较早推进住宅产业化之后，深圳市在住宅"节能、节水、节地、节材"和"工厂化、智能化"等方面作出尝试，已经建成若干个住宅产业化示范基地，并成为国家首个住宅产业化综合试点城市。目前已经确立了保障性住房先行先试的方案，未来 3—5 年内建成住宅产业化综合展示中心①。以万科建筑工业化研究中心为龙头，万科第五园为试点的建筑工业化研究和应用，将传统的高耗能、高耗材现场施工的建筑业推向更高效、更高精度、更节能、高质量的工业化、规模化生产，在工厂里造房子的梦想正在实现。

从中长期来看，住宅产业化是从根本上解决新建建筑节能问题。住宅产业化已经提了很多年，而且也有万科等大的房地产企业已经看到了其未来的发展前景，开始进行产业化的尝试，但毕竟产业化要具备一定规模，只有几家企业是无法实现产业化的。

目前，北京已经将 2009—2011 年作为住宅产业化试点期，推广产业化住宅结构体系和应用预制部品，以及住宅一次性装修到位。住建部也与万科"政企业联合"，全面推动住宅产业化。

从北京市的政策来看，已经有对开发商很有吸引力的规定：对于通过招拍挂出让方式取得土地的政策房和商品房，如果要建成产业化

---

① 《像制造汽车一样建造房屋——深圳住宅产业化之路渐入佳境》，《中国环境保护》2009 年 11 月 17 日。

住宅，政府相关部门在确定土地出让价格，以及开发单位在投标和竞购土地过程中，将综合考虑产业化的技术应用和成本因素。如果开发单位自愿申请采用产业化建造方式，在原规划的建筑面积基础上，奖励一定数量的建筑面积，奖励面积总和不超过实施产业化的各单体规划建筑面积之和的3%。

当然，住宅产业化是个大工程，需要循序渐进推进，也需要配套政策和产业链的完善。

第八章

既有建筑节能改造政策设计

本章主要研究既有建筑节能改造中北方城镇采暖和大型公共建筑两个领域的节能政策设计，之所以选择这两大领域，是因为北方城镇采暖占建筑总能耗的36%，在各类型能耗中是最大的（如图8-1所示），而大型公共建筑单位面积耗能量远远超过一般公共建筑和居住建筑，在这两大领域首先进行节能改造，节能效果最为显著，也可以为在民用建筑领域全面推动既有建筑节能改造提供经验。

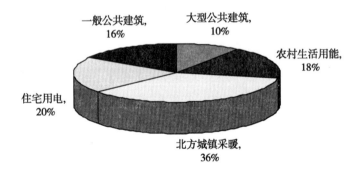

图8-1　我国各类建筑能耗所占比例

第一节　北方城镇供热体制改革利益主体行为分析

北方供暖地区既有建筑节能改造工程浩大，不是单一建筑或建筑群改造，而是区域范围内的大改造，改造包括供暖能耗调查、制定节能改造计划、该计划纳入城市规划中、选择节能改造模式及融资方式，再到节能改造的组织实施，甚至节能改造工程考核，这每一个环节都对节能改造目标能否实现有重要的意义。这种改革也不仅仅是工程改造，而是体制改革。改造涉及的主体很多，包括中央政府、地方政府、供热企业、计量企业、业主等，这是最主要的利益相关者，另外，像规划设计单位、材料设备供应商、施工单位、监理单位、物业管理单位等也对改造效果有较为重要的影响。这些利益相关者的节能意识由强到弱的排列顺序为：政府→建筑专业人员→物业管理人员→供热企业→产权单位→业主。他们在改造系统中的相互关系如图8-2所示。

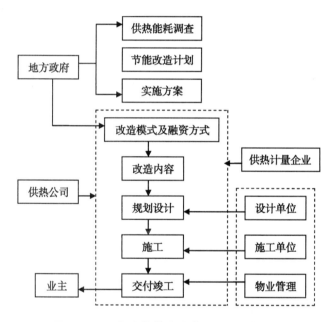

图8-2　既有建筑节能改造利益相关者关系

一　地方政府

既有建筑节能改造的第一步就是启动复杂而冗长的过程，关键的问题是谁来启动这项工作。不同的利益相关方都有可能通过向当地政府提出这一问题，并将其提上议事日程，从而触发这一过程。在北京就有这样的案例，业主们组织起来向政府和供热厂商施加压力，要求提高所有房间的室内温度，最终改善了房屋供热状况。然而，这要求具备高度的自发组织性，在绝大多数情况下，改造工作背后的驱动力是地方政府而非居民①。

资金来源是决定既有建筑节能改造能否顺利开展的关键，一开始要先获得居民的同意进行改造并提供一部分改造资金，这是一个漫长而复杂的协商过程。中央政府和地方政府分别承担一部分改造资金。另外，能源服务公司、私人投资者、供热企业和拥有建筑的单位（产权单位）也有可能提供部分改造资金。

除了启动改造工程并提供大部分资金之外，地方政府扮演主导角色还有其他一些原因。因为建筑节能改造工作涉及多个政府部门，如建设、规划、市政管理部、住房管理和电力供应部门，因此地方政府作为协调人起到重要的作用。既有建筑供热计量及节能改造是一项多部门共同参与的工作，仅建筑结构性改造，就需要建设主管部门、墙改节能办、供热办等部门合力完成。目前有的城市墙改节能办归属发改委或经委，供热办归属房管局，都在建设部门管辖范畴之外。

地方财政配套不足，融资模式不成熟阻碍既有建筑供热计量和节能改造的进程。居住建筑节能改造费用除了按《民用建筑节能条例》所规定的由政府、建筑所有权人共同负担外，为拓宽资金渠道，近年来各地积极调动产权单位、供热公司、物业公司、能源服务公司、居民业主等出资参与改造。如承德市由能源服务公司投资对公建进行供热计量改造及托管，产生的节能效益由能源服务公司和用户分享。兰州市榆中县供热企业出资进行供热计量改造，节省的热费由供热企业和用户五五分成。

尽管各地在努力探索融资模式，但目前尚未形成有效的能源投资机制。而中央财政资金是以"以奖代补"方式支出，主要是事后奖励，很难用于项目启动。地方财政和企业的配套资金仍然是最主要的部分。目前投资的主体是地方政府和产权企业，而那些没有产权企业依托的小区往往因为地方财政资金不足而得不到及时改造。可以说，地方财政支持力度大小直接决定了地方既有建筑供热计量和节能改造

---

① Carmen Richerzhagen：《中国建筑节能：政策、障碍与机遇》，德国发展政策研究所（DIE）。

的进度。

二　供热公司

根据集中供热企业的投资和经营性质，供热企业大致分为三类：第一类：市属和区属的热电联产供热企业；第二类：机关大院、部队学校、企事业单位等社会团体后勤部门的供热单位；第三类：房产开发商物业公司的供热商①。他们的集中供热资源占比、经营性质和热费困境见表8-1。

表8-1　　　　　　　　　　　　供热主体的类型

供热主体	集中供热资源占比	经营性质	热费困境
市属区属的热电联产企业	约2/3	"专业级"——营利性为主，福利性为次	主要是物业公司和用户单位欠费
机关、部队、学校、国企和事业单位等团体后勤部门的供热单位	约1/6	"业余级"——供热单位与采暖用户是一家人，以往过多强调供热福利性和自用性，不讲商品性和经济性	随着房改产权私有化，供热逐步对社会开放，由此积累并引发了交费主体不明、服务质量低下、供热纠纷不断等诸多问题
房产开发商和物业公司的供热商	约1/6	"专业级"——供热公司和采暖用户的商品交易关系明显，商品房的供热营利性突出	由于是商品房，且为双管分户控制供热系统，几乎不存在欠费问题

供热企业，特别是其中的"营利性"供热单位，最关心的是热能销售总量是否每年增长。百姓节约热能意识水平提高必然导致用户热耗总量下降，由此供热企业的产量、产值和利润必然也要减少。目前大多供热企业管理粗放，很难实现供热成本与输出热能的等比例降低，更使得供热企业感到用户节约热能会给自己带来亏损。在不提高热价的情况下，供热收费率高的供热企业，不仅不积极参加供热体制改革，还是目前最大的一股抵制供热体制改革的暗流。

供热企业是城市供暖的主体，住房与城乡建设部已经提出明确要求，凡进行既有建筑节能改造实行集中供热的建筑，供热企业必须配

---

① 程宏：《解读中国供热体制改革的困境》，《现代物业》2007年第11期。

合。但目前企业普遍缺乏积极性。

令供热企业"裹足不前"的是改造增加的施工管理成本。供热企业普遍反映,近年来煤炭价格迅猛上涨,供热企业利润已经很少,有的甚至亏损。企业很难再拿出专门资金用于节能改造。另一方面,改造投资虽然理论上可以实现回报,但周期太长,不可控的因素多,导致企业积极性不高。同时,如果按热计量收费,必须加装分户计量装置。现行的热价标准中,并没有考虑这些末端设备管理成本。要让供热企业接受热计量模式,必须先进行热价改革。

为强化供热企业主体责任,住房和城乡建设部已经决定,由供热企业承担供热计量和温度调控装置的选型、购置、维护管理以及计量收费等工作。同时,将加强对供热企业的能耗监管,建立供热能耗统计、监测、定额、考核等管理制度。

部分供热企业也在积极探索盈利模式。山东潍坊古伦热力有限公司采用从节约的热费中逐步回收投资的办法参与节能改造,公司投资500多万元,对潍坊市几个小区进行了热流量分配阀、变频器和循环泵改造。上述项目改造后该公司每个采暖季可节约126.5万元,预计5年即可收回全部投资。如果供热企业的盈利模式能够推广,有助于提高供热企业的积极性,这对加快既有建筑节能改造有很大意义。

为强化供热企业主体责任,住房和城乡建设部已经决定,由供热企业承担供热计量和温度调控装置的选型、购置、维护管理以及计量收费等工作。同时,将加强对供热企业的能耗监管,建立供热能耗统计、监测、定额、考核等管理制度。同时鼓励供热企业在既有建筑节能改造带来的巨大市场机遇中寻找新的盈利模式。

三 用户

深受"福利供热"好处的居民是供热体制改革较大的阻碍。另外,改造工程也是一项会给业主带来很大不便的耗时的工程。在施工阶段,业主的日常生活会被噪声、尘土以及工人群体的存在所干扰。经证明,在低收入群体居住区进行改造是最容易的,因为低收入人群缺乏话语权,与政府抗衡能力相对较弱。一个能够让业主更愿意接受在私人住所进行改造的方法就是采用一套综合方案,例如,将能源系统改造与住宅一般翻新结合起来,一次完成多项改造任务。在唐山的建筑节能改造项目就是采用的这种方式。

由于公产房的私有化政策,中国是世界上住房私有率最高的国家,大约50%—60%的城镇居民拥有自己的房子。大多数住房是私人拥有的,而外墙保温、屋顶保温、供热系统更新都需要集体组织才能实施。这意味着必须所有的居民都同意实施改造并愿意做出必要的贡献才行。由于涉及的人数众多,交易成本通常较高。在地方政府的大量宣传工作中,就需要把改造的好处告诉居民。在这种情况下,最需要的就是能够指望居民委员会的合作。为了更好地向住户说明改造的好处,一些示范性的改造工程的成功案例很有说服力。

四 供热体制改革政策供给

2007年,《国务院关于印发节能减排综合性工作方案的通知》中提出,"十一五"期间,我国要完成北方采暖区既有居住建筑供热计量及节能改造1.5亿平方米。这一目标被层层分派到各地方,中央和地方也紧急出台了各种新的政策措施,以保障"十一五"期间这一目标的实现,同时也进一步加强了对已颁布政策的落实。

我国北方城镇供热计量改革政策可分为两类:一类是供热计量改造方面的政策;另一类是按计量收费方面的政策。

2000年,原建设部颁布的《民用建筑节能管理规定》提出:"新建居住建筑的集中供热采暖系统应当推行温度调节和分户计量装置,实行供热计量收费",这是供热体制改革的第一个信号。2003年11月,原建设部等八部委联合发布《关于城镇供热体制改革试点工作的指导意见》,要求"今后城镇新建公共建筑和居民住宅,凡使用集中供热设施的,都必须设计、安装具有分户计量及室温调控功能的采暖系统",并开始在部分地区开展改革试点工作;2005年,八部委再次联合下发《关于进一步推进城镇供热体制改革的意见》。

2006年初,住房与城乡建设部曾经提出要在两年内完成供热体制改革，现在看来这一目标远未实现，也反映出了改革的难度，现行的供热体制被认为是计划经济的最后一个堡垒。也就是从2006年开始，国家的供热体制改革方向性更加明确，更加重视可操作性，首先从供热计量开始推进。2006年，开始推行强制性的计量表安装；2007年，财政部颁布《北方采暖区既有居住建筑供热计量及节能改造奖励资金管理暂行办法》，提出：中央财政安排专项资金用于北方采暖地区既有居住建筑供热计量及节能改造，奖励资金采取由中央财政对省级财政专项转移支付方式；2010年初，国家住房与城乡建设部、国家发改委、财政部、国家质检总局联合下发《关于进一步推进供热计量改革工作的意见》，提出适时取消以面积计价收费方式，实行按用热量计价收费方式；同时，天津、北京等试点城市先后公布了2010年采暖季"供热计量收费政策"。

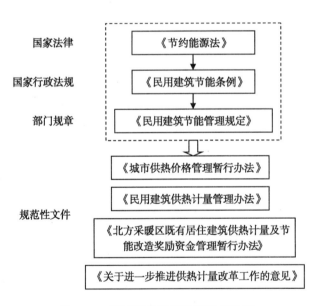

图8-3　国家供热计量改革政策体系

在目前推动供热计量改革最有效的政策是中央财政专项资金支持节能改造和供热计量等改造。这一经济激励政策保证了地方政府完成国家规定的既有建筑节能改造和供热计量改造任务的积极性。奖励资金采用因素法进行分配，即综合考虑有关省区所在气候区、改造工作量、节能效果和实施进度等多种因素以及相应的权重。具体的计算方法：

　　某地区应分配专项资金额＝所在气候区奖励基准×［∑（该地区单项改造内容面积×对应的单项改造权重）×70％＋该地区所实施的改造面积×节能效果系数×30％］×进度系数。其中：

　　1. 气候区奖励基准分为严寒地区和寒冷地区两类：严寒地区为55元/m²，寒冷地区为45元/m²。

表8－2　　　　　供热计量改革规范性文件中的一些重要规定

主要政策		政策具体内容
主　体		政府主导 供热单位实施主体
原　则		新建建筑工程建设与供热计量装置安装同步 既有居住建筑供热分户计量改造与节能改造同步 供热计量装置安装与供热计量收费同步
中央财政 专项资金	资金来源	中央财政安排的专项资金
	资金拨付形式	中央财政对省级财政专项转移支付
	资金拨付程序	项目启动时：按照6元/m²的标准，将部分奖励资金预拨到省级财政部门，用于对当地热计量装置的安装补助； 改造任务完成后：再对当地奖励资金进行清算
	奖励标准	根据有关省市所在气候区、改造工作量、节能效果和实施进度等确定最终奖励额度 其中，气候区奖励基准：严寒地区为55元/m²，寒冷地区为45元/m²
供热计量 收费	热价定价方式	热价原则上实行政府定价或者政府指导价
	热价制定	利润按成本利润率计算时，成本利润率按不高于3％核定
	热力销售价格 （采暖费）	热力销售价格要逐步实行基本热价和计量热价相结合的两部制热价。基本热价主要反映固定成本；计量热价主要反映变动成本 基本热价可以按照总热价30％—60％的标准确定

　　2. 单项改造内容指建筑围护结构节能改造、室内供热系统计量及温度调控改造、热源及供热管网热平衡改造三项，对应的权重系数分别为：60％，30％，10％。

　　3. 节能效果系数根据实施改造后的节能量确定。

　　4. 进度系数，根据改造任务的完成时间，分为三档：

（1）2009 年采暖季前完成当地的改造任务，进度系数为 1.2；

（2）2010 年采暖季前完成当地的改造任务，进度系数为 1；

（3）2011 年采暖季前完成当地的改造任务，进度系数为 0.8。

资金在启动阶段，根据各地的改造任务量，按照 6 元/m² 的标准，将部分奖励资金预拨到省级财政部门，用于对当地热计量装置的安装补助。

天津是我国试点按计量热量收费最早的城市之一。2000 年，天津市就开始逐步在全市推动供热体制改革。2004 年，对热价进行调整的同时就对供热计量收费制度的日后实施预留了空间。2006 年，《天津市住宅供热计量收费暂行管理办法》首次确定了在全市供热计量收费试验项目中采用两部制热价（基本热价和计量热价相结合），并制定了相应的热费结算办法。经过两年试点，2008 年又对计量热价进行了相应调整，按面积收费的基本热价权重为 50%，按用热量收费的计量热价占 50%。2008 年和 2009 年，在 800 万平方米供热计量改革试验建筑中的实践，证明天津市的供热计量改革取得了初步的成功，80% 的用户都比按面积收费时所交纳的采暖费少，减少的比率在 8%—18% 之间。

但根据住房与城乡建设部的数据显示，截至 2009 年底，全国完成改造面积只占"十一五"总任务量的 62%。虽然既有建筑节能改造在国内外都缺少成功经验借鉴，初期阶段进展缓慢是必然现象，但导致目标任务没有完成的主因是原有福利供热体制下的利益分配格局相关者众多，关系错综复杂。

第二节　大型公共建筑节能利益主体行为分析

一　政府

大型公共建筑节能相关的各个环节中政府都是监管者。

大型公共建筑在设计和建造阶段，其节能性能主要取决于设计单位和施工单位。尽管《公共建筑节能设计标准》2005 年已经出台，

2007 年初我国又出台了《关于加强固定资产投资项目节能评估和审查工作的通知》，将对从源头上把好公共建筑的节能关起到重要作用，但是目前在节能性能的评价方法和评价监督的主体方面都存在问题，影响了这些政策的贯彻实施。

大型公共建筑的能耗和节能效果不但与建筑的设计与系统（设备）的选型有关，很大程度取决于建筑物和系统（设备）的使用环节，如何评价是否达到了要求的节能效果不简单是评估建筑围护结构和系统（设备）的节能性能问题，目前尚缺乏有效的评估方法。

另外，我国一直没有对大型公共建筑进行节能评审的机构主体，即使当前已经有些部门开始对公共建筑进行节能评估检测，但是远不能满足市场需求。此外，缺乏承担节能责任的主体，当公共建筑达不到节能标准时，往往是在设计和建筑阶段就出现了问题，但是对设计和建设阶段相关主管部门责任的追究却没有相应的机制。

二　物业公司

按照面积征收采暖费的收费机制使公共建筑的供热节能改造缺乏根本的原动力。物业公司与分散性租房单位的租赁关系，影响了节能效果：一般情况是按照面积收费，物业公司有节能积极性，但是对能耗量有很大影响的分散用户却没有节能积极性；对按照租房单位征收水电费的情况，租房单位有节能积极性，但往往无法改变空调系统等硬件设施。

三　业主

业主是指大型公共建筑的使用者，节能性能直接影响其能源费用的支出。所以，从业主的角度，一方面出于必须执行国家政策，而且出于自身经济利益，对建筑物和系统（设备）的节能性能是比较关心的；另一方面又要考虑所采用技术和设备的技术经济性，因此也不愿意承担过高的成本而采用超前的技术。目前，在公共建筑的设计和建造阶段，缺乏类似于节能监理的节能咨询机构为用户服务，帮助用户从两个方面把关：一是建筑物和系统（设备）的性能和功能是否满足用户的要求；二是采用的技术和设备技术经济性对用户来说是否合理。

"节能是否能够节钱"是影响用户节能积极性的根本性因素。目前，影响业主节能积极性的障碍主要包括：

业主不具备用能系统维护的基本知识。大型公共建筑在建成之后，业主对既有的建筑和系统（设备）的管理和运行会对其能耗及能源费用产生很大影响，建筑用能系统是非常复杂的，即使用户有节能积极性，由于缺乏足够的节能专业知识，也不可能及时发现问题，浪费现象比比皆是。在建筑建成之后系统（设备）功能和性能出现了问题，原因有很多，而且责任可能出在设计单位、施工单位、各种设备供应商等各个环节，此时往往出现的是各个相关主体推诿责任、用户无从确认责任的问题。另外，由于大型公建缺乏能源消耗的分项计量措施，非常普遍的情况是，用户不知道自身的节能潜力有多大，或者即使知道有许多能源浪费环节，但是不知道应该采取什么样的节能技术措施进行改造。

节能效益相对比较小，担心从总体上节能改造对自己带来负面影响。比如，宾馆饭店的节能改造虽然可以带来节能效益，但是业主担心由此影响营业经营情况等建筑物基本功能，从而造成更大的经济损失，所以不愿意轻易采取节能改造措施。这种情况下，对业主而言，是否愿意节能改造，主要取决于节能效益是否足够大，节能改造的"总账"是否合理。

第三节　实证分析：唐山市某小区既有建筑节能改造实践

2004年，中国与德国合作"中国既有建筑节能改造"项目，目的是学习发达国家在既有建筑节能改造方面的先进经验，推动我国既有建筑节能改造工作。经过德国和国内专家的考察论证，最终确定唐山为示范工程实施城市。唐山既有居住建筑综合节能改造示范工程在节能改造理念、技术、投融资模式、群众工作、施工组织等多个方面进行了深入探索和实践，取得了大量第一手的资料，为既有建筑节能改造工作的开展提供了宝贵经验。

笔者整理了唐山示范项目大量一手资料，形成案例研究，通过对该项目的分析加深对我国既有建筑节能改造必要性、可行性的理解，进而为本书的政策设计提供实践依据。

一 项目概况

唐山示范工程包括三栋示范楼（509、512、515 楼）。小区的特点包括：是唐山大地震后兴建的第一个成片的住宅小区，建筑结构为内浇外挂结构，而这种内浇外挂工业预制板结构，不仅在唐山，而且在全国存在大量类似的建筑，示范工程有广泛代表性；小区建筑已使用了近 30 年，出现了不同程度的破损，设备老化，冬季采暖能耗高，采暖耗热量是唐山现行节能标准的 2 倍多；小区居民收入水平较低。

工程启动过程分为以下几个阶段：

（1）对原建筑进行全方位测试，包括示范工程的室外气象条件、建筑物结构及材料热工性能、计量与采暖系统等；

（2）通过对既有建筑现状进行详细分析，确定科学合理的综合改造方案；

（3）根据工程需要，选择施工单位、监理单位、材料检测单位，并组织节能改造的施工；

（4）施工结束并投入正常使用后，由有资质单位进行工程综合节能改造后的围护结构保温、气密性、能耗量等评估。

二 前期基本情况调查

在实施改造前对示范项目建筑物的外围护结构的安全性能和热工性能进行了测试，发现由于施工工艺原因和保温性能考虑不够，墙体内部存在缺陷，使得传热系统大于正常部位，热量损失大，由此建议在改造中，采取有效的保温措施。

同时，也对建筑物的能耗情况进行了测试，由于建筑物并不保温，虽然居民2/3以上的能源消耗花费在取暖上，却并没有给居民的居住环境带来大的改观。

表8-3 改造前示范建筑终端能耗调查表（2005—2006年）

楼号	采暖能耗 kWh	电气能耗 kWh	燃气能耗 kWh	总能耗 kWh	单位建筑面积能耗 kWh/m²	单位净面积能耗 kWh/m²
509	219417	26175	91413	337005	164.8	211.3
512	221028	26243	91413	338684	165.6	212.5
515	221472	29418	91413	342303	167.4	214.7

同时，项目组还对住户的节能改造意愿进行了问卷调查，大部分住户愿意进行节能改造，但小区居民普遍收入较低，个人能承担的改造费用基本在1000元以下（51.1%），其中15.5%的住户表示不愿意为节能改造支付费用。

在进行前期测试和调查工作的同时，项目组织管理机构也迅速成立。中德技术合作唐山示范工程是完全面向社会的一项工程，建筑改造涉及规划、房管、财政、民政、建设、区政府、街道、电力、供热、燃气、通信等多个部门和机构，为加强各方协调，唐山市政府成立了由市长任组长，主管城建、工业的两位副市长为副组长，各相关委、局主管领导为成员的唐山"中国既有建筑节能改造"项目领导小组，其主要职责是对项目实施进行指导和协调，解决项目实施过程中遇到的重大问题。为了组织节能改造示范工程的建设工作，成立了示范工程指挥部，由建设局局长任总指挥，其下设工程技术部、材料供应部、地方工作部、综合部四个部门。其中，工程技术部负责施工计划、施工进度、施工质量和施工安全，协调施工中的技术问题；负责工程量、材料用量；监督施工单位、监理单位工作。材料供应部负责与材料供应企业签订材料供应以及相关服务合同；负责进场材料规格、数量、质量的验收；负责与施工方的交接；单项工程完工后剩余材料的清点、退场。地方工作部负责与示范工程所在地的居民签订节能改造协议，收取居民承担的改造费用；负责施工过程中居民的协调和安置工作等。综合部负责后勤、财务等工作。

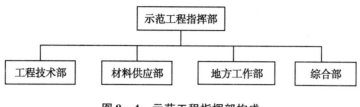

图 8 - 4 示范工程指挥部构成

三 改造方案

示范工程节能改造方案是依据现行的《民用建筑节能设计标准》（JGJ26—95），即50%的节能标准。

对于三幢楼采取的节能技术手段略有不同，分别如图 8 - 5 所示。从改造方案可以看出，对建筑围护结构的改造和供热系统改造同步进行，另外还对建筑外观和安全性也进行了相应的改造。

509 楼	512 楼	515 楼
—10cm EPS 外保温系统 —双层中空塑钢玻璃窗加Low—E 玻璃 —14cm PU—板屋顶保温	—10cm EPS 外保温系统 —双层中空塑钢玻璃窗 —14cm XPS 板屋顶保温	—10cm EPS 外保温系统 —双层中空塑钢玻璃窗 —14cm PU—板屋顶保温
—垂直双管暖气系统，每个暖气片安装温控阀和热分配表 —安装楼栋超声波热计量表、总电表和总煤气表 —安装自闭式保温入楼门 —对一个门洞一侧上下 5 户进行橱卫现代化示范改造	—户内水平分环，每个暖气片安装温控阀和热分配表 —安装楼栋超声波热计量表、总电表和总煤气表 —安装自闭式保温入楼门 —对楼梯间进行粉刷修缮，安装太阳能楼道灯 —每户一台热计量表	—垂直单管跨越，每个暖气片安装温控阀和热分配表 —安装楼栋超声波热计量表、总电表和总煤气表 —安装自闭式保温入楼门 —对楼梯间进行粉刷修缮，安装太阳能楼道灯

图 8 - 5 唐山市河北一号小区建筑节能改造方案

四 改造资金来源

德国在既有居住建筑综合节能改造方面有一个能够良性循环的投融资机制。在德国，住房大都归政府下设的房屋公司或个体的房屋公司所有，居民住房大都采取租住的方式，住房的产权归这些房屋公司所有，房屋公司对房屋实施统一管理。房屋公司作为既有建筑综合节能改造主体，向银行申请节能改造贷款，德国国家复兴银行专门为既有居住建筑综合节能改造提供低息贷款。

　　而我国是住房私有化非常高的国家，绝大部分居住建筑的产权都归个人所有，即一户一产权，在这样的背景下，德国的做法是不可能照搬的，探索适合中国的既有建筑节能改造投融资机制是值得深入思考的，这也是我国能否规模化开展既有建筑节能改造的关键。

　　唐山示范项目在融资方面做了重要尝试，根据"谁受益、谁付费"原则，项目管理机构确立了政府、供热公司和住户作为主要改造资金提供方的思路，上文已经分析过三者都可以从既有建筑节能改造中获利。虽然要居民出资的协调成本非常高，而且唐山示范项目是政府间合作项目，项目资金相对充裕，但考虑到示范项目的试验性质，项目管理机构还是坚持了居民必须投资的观点，为规模改造制定合适的融资政策奠定了基础。

　　改造项目的投融资方式是唐山项目办公室多次与居委会、居民事务协调委员会探讨最终形成的（如表8－4和图8－6所示）。

表8－4　　　　　　　　　　唐山项目资金来源情况

	政府	中德项目	居民	供热企业	产品企业
外保温工程	V	V			V
屋面工程	V				V
外窗工程		V	V		
阳台加固工程	V				
楼宇门		V			
楼梯间粉刷		V			
采暖系统	V		V	V	V
雨篷	V				
修复	V	V			
比例	53%	25%	6%	11%	5%

　　产品企业在融资中也承担一定的比例，在其他地区的实践可能并不多见。唐山示范工程不仅是节能改造的示范，也是既有建筑节能改造技术和产品的示范。在项目初期，唐山市政府部门和德国技术合作公司就一起联合组织了一个新型墙材与建筑节能产品展示暨新技术

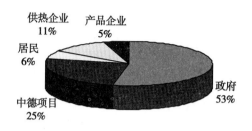

图 8 - 6　示范工程资金投入

（设备）推广应用大会。在大会上发布唐山项目的相关信息，寻找合作伙伴。这次产业合作，是唐山示范工程的一个特色，最终吸引企业捐款达 20 万元。

通过示范工程引导，目前，周边小区居民对既有居住建筑节能改造投资的承受力从示范工程每户 2000 元上升到 5000 元。

五　改造效果与成本收益核算

唐山项目属于示范项目，有其特殊性，因而在计算工程成本时，需要将其作为示范项目享受到的一些优惠条件扣除，才能有更好的借鉴意义。在扣除示范作用因素后，对屋面、门窗、阳台加固、采暖系统的改造成本为 364.9 元/平方米，扣除既有建筑正常的维修成本，实际节能改造成本为 172.9 元/平方米。

唐山项目对于居民室内外生活环境的改善和舒适度的提高上都取得了明显效果，调查结果显示，居民对节能改造效果满意率达 100%，特别是带来了显著的节能经济效益。

为了统计采暖能耗，改造前每栋楼部安装了超声波热表，经过计算，改造前后室内温差有 7—8 度，按照国际上公认的理论，室内温度每提高 1 度，供应的热量就会相应增加 6% 左右，由此计算出每栋楼每年单位面积节约采暖能耗为 65.8kWh。唐山市已于 2007 年实施了《关于供热计量价格（试行）的通知》，规定供热价格实行基本热价和计量热价相结合的两部制热价：居住建筑的基本热价为 8.25 元/平方米，计量热价为 0.09 元/ kWh。依次计算，65.8 kWh/m² 节能量可以实现 19 元左右的收益。随着能源价格上涨，节能改造的经济效益会更加明显。

六 对政策设计的启示

唐山项目说明既有建筑节能改造的经济效益是巨大的，在第二年的采暖季就有明显的体现，这为继续推行既有居住建筑节能改造提供了很好的样板，只要有经济效益和舒适度的改善，居民的积极性就容易被调动。这一示范项目也为政策制定者提供了政策设计的实践依据。

1. 各主体的利益得到充分考虑

唐山示范项目真正具备示范功能，全面系统地体现了既有建筑节能改造工作的步骤，从前期准备工作，包括对建筑能耗和性能的测试和对居民态度的调查，到成立指导工作组，再到技术方案的选择、融资渠道确定、工程完成后效果评估等，每一个环节都充分考虑各个利益相关者的利益诉求，通过政府、企业、居民委员会等各方协调与合作，使得这些利益诉求在示范工程中尽量得到满足，工程结束后，居民极高的满意度证明了实现微观经济主体个人利益最大化的目标与政府代表的社会目标一致性是完全有可能的。

2. 围护结构与供热计量同步进行的综合性改造是成本收益最有效的

在政策上，关于既有建筑节能改造的重点有过变化。最早的政策强调围护结构的改造，但随着供热体制改革的提出，供热计量装置的安装成为了政策重点，而围护结构改造被忽视，因为政策规定不进行供热计量改造就无法获得中央财政的补贴资金，但两者同时改造对建筑能耗降低是最优选择，但成本一定会提高，于是很多地方选择只进行供热计量表的安装，不进行围护结构改造，这样既获得补贴资金，也节约成本。这明显不是政策设计者的初衷，但由于政策设计不得当直接导致了这种无效率的结果。

综合节能改造是唐山项目的突出特色之一。该项目将节能改造作为一个系统工程，通过一次改造解决旧建筑从能耗到外观的一系列问题，体现出提高居民的居住舒适性的基础上同时节省能耗方面开支的节能改造目标。唐山既有居住建筑综合节能改造示范工程改造方案的制定充分听取了中外专家的意见和建议，也充分采纳了住户的各种意见和建议，体现了德国既有居住建筑综合节能改造的理念，即在节能改造的同时，还要和建筑物修缮相结合，和环境整治改造相结合，和建筑物的功能改造相结合，实施综合节能改造，实现各种资源的综合应用，实现最大限度的节能和资源整合。

3. 费用分摊原则是改造能否达到预期政策目标的关键

唐山项目为今后的工程提供了有借鉴性的模式，其中坚持要受益用户承担部分费用，与产品企业合作来筹措部分资金的做法都是为后来者提供可选择的方式。在住房私有化情况下，投融资机制是我国能否规模化开展既有建筑综合节能改造的关键。在该项目中，住户作为住房的所有者，又是节能改造的受益者，应该出资参与改造。唐山项目在制定融资政策时就确定合并居民要为节能改造投资的总思路，但因为该项目有国际合作背景，因此有两国政府的资助，居民的投资可以少一些，但是节能改造居民要投资是作为项目的一个重要特点，为规模改造制定合适的融资政策奠定了基础。

唐山项目因为有两国政府协议的"保护"，在居民协调方面要比其他项目阻力小一些，但是项目人员仍然将做好群众工作、做好组织协调工作作为最大的难题，坚持"谁受益谁付费"的原则，交易成本会比较高，仍需要更切实的政策安排以减少交易成本。

第四节　实证分析：北京海淀区既有建筑节能改造中的政府行为分析

一　海淀区既有建筑节能改造的驱动力

1. 北京市强制性的建筑节能改造面积要求

2004 年，国家发展和改革委员会编制《节能中长期专项规划》，要求"十一五"期间，北京市完成 25% 既有居住建筑和公共建筑节能改造。《北京市"十一五"时期建筑节能发展规划》将既有居住建筑节能改造列入重点工程，计划到 2010 年，北京共改造既有居住建筑 400 万平方米。根据《北京市"十一五"期间建筑节能发展规划》的要求，海淀区被分配到的既有建筑节能改造任务是 2006—2009 年完成改造 73.56 万平方米，2010 年完成改造 57.6 万平方米。

同时，在 2008 年海淀区为保证按时完成北京市的改造任务，出台了《北京市海淀区既有建筑节能改造专项实施方案》，要求到 2010 年底前，完成 17 万平米城镇居住建筑节能改造工作①。

2. 政府职责

北京市建筑能耗占能耗总量的 36%，建筑节能首当其冲排在北京节能减排的首位。截至 2009 年底，海淀区仍有 1078 万平方米的城镇既有居住建筑需要改造，这些居住建筑大多存在外墙传热系数过高、冬季室温低、门窗漏风等围护结构问题，能源浪费现象依然很严重，居住环境有待改善。

3. 社会节能意识强，改造意愿大

调查显示，海淀区居民普遍具有较强的改造意识，认为通过改造可以有效提升室内舒适度、降低能耗，提高居住质量，多数居民已认识到节能减排、降低能耗的重要性，为既有居住建筑节能改造工作的推进奠定坚实的基础。

二 海淀区既有建筑节能改造的政策基础

2008 年，北京市住房和城乡建设委员会出台《北京市既有建筑节能改造专项实施方案》，要求对住宅原为公产房，原产权单位有一定经济实力，住户有强烈改造愿望的，优先支持由原产权单位组织并投资进行节能改造和采暖系统平衡调节。并明确规定了混凝土装配式大板楼和传统砖混结构住宅的改造目标，计划 2010 年前两种结构居住建筑各完成 100 万平方米改造任务，混凝土装配式大板楼住宅按节能标准进行节能改造，供热锅炉和管网效率达到要求时，可实现节能 16.38kg 标准煤/m²，合计节约 1.6 万吨标准煤；传统砖混结构住宅

---

① 任务已经于 2009 年底提前完成。

可实现节能 10.81kg 标准煤/m²，合计节约 1.1 万吨标准煤。同时，将改造任务分配至各个区县。2008 年，海淀区根据北京市相关规定，出台《北京市海淀区既有建筑节能改造专项实施方案》，对 2008—2010 年各系统单位要完成的节能改造任务做出了详细计划（如表 8 - 5 所示）。

表 8 - 5　　北京市海淀区各系统既有建筑节能改造任务目标和年度计划

系统单位名称	年度	大型公建能耗计量	大型公建	无集中空调普通公建	有集中空调普通公建	砼装配式大板住宅	砖混住宅	农民住宅	老城区平房	合计	其中：无集中空调普通公建（区县财政全额拨款单位）			
		栋	万 m²	万 m²	万 m²	万 m²	万 m²	户	万 m²	万 m²	国家机关	教育	卫生	其他
建委	2008 年	40	100	5	3					108				
	2009 年	60	100	5	6					111				
	2010 年		100	6	6					112				
	小计	100	300	16	15					331				
教委	2008 年	12	10	8						18				
	2009 年	10	10	10						20				
	2010 年		12	10						22				
	小计	22	32	28						60				
公共委	2008 年	2	2	8	1					11				
	2009 年		2	3	5					10				
	2010 年		4	2	5					11				
	小计	2	8	13	11					32				
旅游局	2008 年	15	70		10					80				
	2009 年	8	40		6					46				
	2010 年		40		4					44				
	小计	23	150		20					170				
文化委	2008 年	2												
	2009 年		4		1					5				
	2010 年		4		1					5				
	小计	2	8		2					10				

系统单位名称	年度	大型公建能耗计量	大型公建	无集中空调普通公建	有集中空调普通公建	砼装配式大板住宅	砖混住宅	农民住宅	老城区平房		合计	其中：无集中空调普通公建（区县财政全额拨款单位）			
		栋	万 m²	万 m²	万 m²	万 m²	万 m²	户	万 m²		万 m²	国家机关	教育	卫生	其他
体育局	2008 年	2		1	5						6				
	2009 年	1		1							1				
	2010 年														
	小计	3		2	5						7				
商务局	2008 年	10	50	2	5						57				
	2009 年	7	40	2	6						48				
	2010 年		40	2	6						48				
	小计	17	130	6	17						153				
国资委	2008 年			3	4						7				
	2009 年			3	4						7				
	2010 年			3	4						7				
	小计			9	12						21				
卫生局	2008 年	2	10	1							11				
	2009 年	1	5	1							6				
	2010 年		5	1							6				
	小计	3	20	3							23				
行政处	2008 年	5	10	1	2						13				
	2009 年	3	5	1	3						9				
	2010 年		5	1	3						9				
	小计	8	20	3	8						31				
房管中心	2008 年					3					3				
	2009 年					4					4				
	2010 年					4					4				
	小计					11					11				
中关村街道	2008 年					1					2				
	2009 年					1					2				
	2010 年					1					2				
	小计					3					6				

续表

系统单位名称	年度	大型公建能耗计量	大型公建	无集中空调普通公建	有集中空调普通公建	砼装配式大板住宅	砖混住宅	农民住宅	老城区平房	合计	其中：无集中空调普通公建（区县财政全额拨款单位）			
		栋	万 m²	万 m²	万 m²	万 m²	万 m²	户	万 m²	万 m²	国家机关	教育	卫生	其他
北太街道	2008年					1				2				
	2009年					1				2				
	2010年					1				2				
	小计					3				6				
苏家坨镇	2008年							12						
	2009年							50						
	2010年													
	小计							62						
上庄镇	2008年													
	2009年							50						
	2010年													
	小计							50						
	总计	180	600	80	90	17		112						

三 海淀区既有居住建筑改造重点和资金机制

(一) 改造重点：大产权住宅

由于居住建筑普遍存在产权复杂，不便组织、管理等问题，海淀区在已经完成的改造中，选择大产权相对单一、有改造愿望、能筹措改造资金、于1976—1989年之间竣工的直管公房和部分有大产权住宅进行了改造试点。2008—2009年的两年间，共对73.56万平方米城镇既有居住建筑进行改造，占区所有城镇居住建筑总面积的6.39%。改造内容包括围护结构中外墙、屋面、门窗、单元门的改造和采暖系统平衡调节、加装楼宇热计量表等。

海淀区下一步既有居住建筑节能改造工作是依据先易后难的改造原则，从2010年起分五个阶段进行建筑节能改造，每年进行一个阶段。

第一阶段：对有大产权，管理方式为单位自管及直管的既有居住建筑进行改造，建筑面积共约285.05万平方米。

第二阶段：对有大产权，管理方式为物业公司管理及其他管理方式的既有居住建筑进行改造，建筑面积共约296.68万平方米。

第三阶段：在大产权既有居住建筑改造完成后，对无大产权，管理方式为单位自管及直管的既有居住建筑进行改造，建筑面积共215.03万平方米。

第四阶段：改造无大产权，管理方式为物业公司管理及其他管理方式的既有居住建筑，建筑面积共约223.81万平方米。

第五阶段：查漏检查阶段，由于第三阶段和第四阶段的改造对象为无大产权的居住建筑，改造过程中可能会遇到数据统计不完善、组织困难、需对民众进行教育说服工作等问题，导致这两个阶段工作完成后可能会出现剩余未统计的建筑，最后阶段主要对这些建筑改造进行补漏工作。

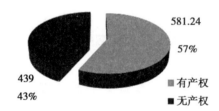

图8-7 海淀区需改造的既有居住建筑产权情况

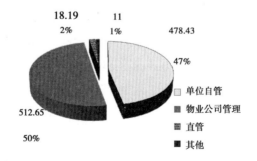

图8-8 海淀区需改造的既有居住建筑物业管理方式

节能改造内容主要包括以下四个方面：

1. 外墙改造

外墙外保温技术成为目前北京大力推广的一种建筑节能技术。与其他外墙保温技术相比，外墙外保温节能构造技术合理，使用同样规格尺寸、相同性能的保温材料，节能效果更好，并且具有造价低、不减少建筑面积等突出优点。海淀区主要使用外保温技术进行既有居住建筑外墙节能改造。

2. 屋面改造

屋面的改造，原则上不动屋面的找平层和防水层，直接在原有建筑平屋顶上铺设保温层，主要做法同墙体改造。在屋面上加设坡屋顶进行保护，坡屋顶改造时宜在屋顶吊顶上铺放轻质保温材料。

3. 窗的改造

对于窗的改造，需满足北京节能65%标准中性能指标，传热系数应不大于2.80W/m²·K。应按照规定，设置双玻窗或三玻窗、并积极采用中空玻璃、镀膜玻璃，有条件的建筑还可以采用低发射玻璃。对于双玻窗或三玻窗，两层玻璃之间的密度一定要做好，否则经过一段时间的使用，玻璃之间因密封不好而进入灰尘，无法擦洗，严重影响玻璃的透明度。如果是钢窗框或铝合金窗框，需避免冷桥。同时，应适当地考虑门窗遮阳措施，对夏季节电非常有利。

4. 单元门改造

单元门的改造主要是更换新型集保温隔热、防火、防盗等功能于一体的安全门。宜在单元门关闭的状态下，测量门框与墙身、门框与门扇、门扇与门扇之间的缝隙宽度，在缝隙部位设置耐久性和弹性好的密封条。

改造后与未改造的居住建筑相比，室温普遍增高3℃—4℃，单位能耗平均降低20%左右。通过对既有居住建筑节能改造示范，有效带动未改造建筑居民的改造意识，引导居民自愿进行节能改造，有效提升区既有居住建筑节能改造进度。

（二）资金机制

海淀区既有建筑节能改造资金来源是采用区财政、产权单位、业主共同分担的原则，比例分别为50%、40%和10%。

　　根据海淀区房管局数据计算，海淀区 2011—2015 年需要改造的居住建筑总量为 1020.57 万平方米，共需资金 26.4431 亿元，按照上述分摊比例，区财政共需补贴资金约 13.2216 亿元。如果考虑到 223.81 万平方米无产权单位、无直管单位住宅的 40% 部分可能无法筹措，需要由财政出资补齐的话，则财政投资要增加 2.97 亿元。合计财政补贴资金为 16.1924 亿元。

四　对政策设计的启示

1. 缺少与强制性改造政策配套的激励政策导致改造局限

　　北京市没有出台相应的建筑节能改造经济激励政策，使得海淀区的改造工作基本上完全依靠政府推动。当然，由于建筑改造需要众多分散用户达成一致意见，过程中一定需要政府的协调，而且节能改造会产生一定的社会效益和环境效益，政府投入一定比例的资金也是必要的。但是，由于上级政府没有补贴等相关经济激励政策，区财政不能承担所有的改造费用，因此，只能选择比如大产权住宅这样的建筑作为首批的节能改造对象，以避免资金筹措的困难。但是据海淀区负责建筑节能的工作人员反映，在大产权住宅改造完成之后，私有产权住宅改造将面临更多的困难，无论是与众多用户协调还是资金方面，都尚未形成有效的工作实施方案。

2. 改造效果在一定程度上由投资结构决定

　　与唐山项目的改造相比，无论从技术的选择还是综合性的程度上来看，海淀区已经进行的改造显得相对简陋。从投资结构上不难找到原因，海淀区的改造资金中将近一半来自产权单位，而唐山项目的出资方较多，主要是出资额较大的政府和国际项目有着共同的目标，使得改造效果相对较好。因此，完善投融资模式是节能改造顺利进行的关键环节，不仅可以降低改造前的谈判成本，还有可能提高改造效果。

3. 节能服务公司应在建筑节能改造中发挥更大作用

　　自北京市强制各区县每年完成既有建筑节能改造任务以来，海淀区都能提前几个月完成改造任务。笔者在调研时发现，重点改造大产权房和政府相对充裕的财力是关键原因，同时海淀区政府预期到节能改造任务会年年加大，而且难度会越来越大，因此很早就在思考融资的问题，其中通过节能服务公司引入合同能源管理是区政府认为有效的手段，但经过实践发现，真正市场化条件下形成的有竞争力的节能服务公司数量非常有限，而且技术和服务都不令人满意，无法满足目前巨大的既有建筑节能改造需求。只有节能服务公司、供热企业等微观经济主体在既有建筑节能市场上占据了一席之地，政府才能从主导地位上退下，只提供政策和服务。

第五节　对既有建筑节能改造政策设计的建议

既有建筑节能改造工作是民用建筑节能的难点，北方供热体制改革和大型公共建筑节能则是既有建筑节能改造的重点。与新建建筑节能不同的是，既有建筑节能改造面临的最大障碍是体制障碍。住房与城乡建设部副部长仇保兴曾在国务院新闻办召开的新闻发布会上明确表示，分户供暖、按热量收费之所以实施难的根源是体制问题。供热体制问题对建筑节能有很大影响，但仅通过建筑节能政策设计是不可能克服体制障碍的，这需要在我国经济、社会甚至是政治体制改革的大背景下，循序渐进地推进。因此，本研究只是希望通过有利于既有建筑节能改造的政策设计，尽可能避免体制问题对建筑节能工作的障碍，并且随着现有政策对各个利益相关者行为的影响，促进建筑节能市场转型，为体制改革提供新的推动力。

一　既有建筑节能改造责任主体和资金筹措渠道

既有建筑节能改造之所以困难，一方面是需要改造的既有建筑数量多，对资金需求量较大；另一方面是既有建筑的所有权分散，很难明确筹措改造费用的责任主体。目前的政策已经针对不同产权类型的建筑明确了改造资金筹措渠道和责任主体，但政策尚不具可操作性，特别是资金筹措方面还需要更为具体的政策安排，以加强已有政策的可行性。

按照政府、居民、节能服务公司、供热公司等每个投资方的收益，进行合理融资。在既有建筑节能改造市场还不完善的情况下，应推行以政府为主导的投融资模式。

（一）政府融资模式

（1）财政预算及相关部门专项经费支持。政府每年安排专项资金用于既有建筑节能改造专项补助、贴息和工作启动经费。

（2）环保部门收取的排污费也可有一部分应用于建筑节能改造。

（3）房产部门从房改基金、住房维修基金中安排一定费用用于既有建筑节能改造。

（4）住房公积金管理中心在住房公积金中筹措部分资金，为实施建筑节能改造的单位和个人提供低息抵押贷款。

（5）节能墙改办在保持已有墙改与建筑节能专项费用基数和标准不增加的情况下，明确专项费用的使用范围，确保专项资金用于支持新型墙体材料应用及有关的建筑节能工作。

（6）科技部门安排一定资金用于建筑节能的新技术、新材料的研制开发与推广，以及建筑节能政策研究、工程试点示范、节能检测等。

（7）供热公司改革热量收费机制，将按热量收费节省的能源资金中按一定比例提取，用于既有建筑的节能改造补助。

（8）积极争取国债项目对既有建筑节能改造和城市居住环境改善项目的支持。积极组织策划建筑节能项目争取国家有关部门的项目资金支持。

（二）市场融资模式

通过对节省的能源费用合理分配，鼓励社会资本进入既有建筑节能改造领域，鼓励供热企业、建筑节能材料和部品企业、供热计量产品企业、节能服务公司等既有建筑节能改造市场上重要的微观经济主体主动参与。

政策性资金应率先支持既有住宅改造工作。创新金融服务新的机制，以政策性资金投放带动商业性资金的流入，逐步形成建筑节能的有效的资本形成机制。对财政出资的各省市既有居住建筑节能改造项目（包括合同能源管理方式实施的项目）中政府出资所需启动资金提供低息贷款。以国家政策性金融机构建筑节能改造项目贷款信用担保机制，对采取建筑节能服务模式的改造项目的资金提供方提供优惠贷款或技术援助资金。

设立建筑节能产业投资基金。在我国，产业投资基金是投资基金的一种，建筑节能产业投资基金可以建筑节能改造产业为投资对象，通过发行基金收益券来募集资金，交由专业投资管理机构运作，基金资产分散投资于不同的实业项目，投资收益按资分成。其可将众多小额资金汇集成巨额资本，集中社会闲散资金转化为生产资本，使广大中小投资者能够参与建筑节能改造的投资，分享相应的投资利益。同时投资活动由对证券投资有专门知识和经验的专家人士来负责，且通常是进行组合投资，因此能规避某种投资风险。

利用 CDM 模式。根据《京都议定书》第 12 条，如果发展中国家推进清洁发展机制，可以获得国外的技术援助。即发达国家通过提供资金和技术，与发展中国家合作，实施具有减排温室气体效应的项目，可以获得减排指标。建筑节能显然是潜力很大的执行 CDM 清洁发展机制的理想项目，有较大的国际合作空间。在国际气候变化和国内节能减排的背景下，我国在未来极有可能开展碳排放权交易，将给既有建筑节能改造带来更大的机遇。

节能服务公司模式。节能服务公司（ESCO）是一种基于合同能源管理机制运作的、以盈利为直接目的的专业化公司。ESCO 与愿意进行节能改造的用户签订节能服务合同，为用户的节能项目进行投资或融资，向用户提供能源效率审计、节能项目设计、施工、监测、管理等一条龙服务，并通过与用户分享项目实施后产生的节能效益来盈利。

二　按用热量计量收费的政策保障

我国北方采暖地区供热计量改革已经推进 7 年时间，分户或分栋计量工作已经取得了一定的成效，大部分省市都制订了既有建筑节能改造工作计划，正在按计划进行既有建筑供热计量的改造。虽然经过改造的建筑已经实现了分户供暖、温度可控，但按面积收费的供热体制仍在维持，甚至在最早的改革试点城市，按用热量计量收费的工作也没有进展。不实现采暖供暖从按面积收费向按计量热量收费的转变，就无法从根本上降低建筑能耗。

在"十二五"期间，供热计量改革的重点应是大力推行按用热量计价收费，坚持供热计量改造与按用热量计价收费同步进行。

第一，各地方政府要制定"十二五"期间供热计量收费的具体方案，颁布相关政策。可以按照国家规定，实施两部制热价，即按面积收费的固定费用和按热量收费的可变费用，其中可设定固定费用比按30%执行，以调动用户积极性。也可以根据当地实际情况，酌情设置固定费用比。

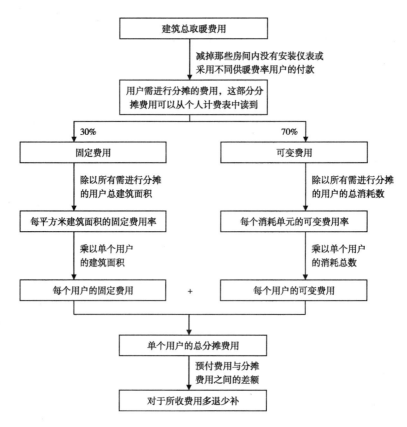

图 8-9　供热计量收费实现过程

第二，将供热计量改革工作情况作为建筑节能专项检查的重点。自 2006 年以来，建筑节能专项检查的重点都是新建建筑节能。在"十二五"期间，要加大对供热计量改革工作的专项检查，并实行供热计量目标责任制和问责制。在这项工作中，要将"分户计量"和"计量收费"作为供热计量改革的两个阶段，分别进行考核。

第三，强化供热企业计量收费实施主体责任。严格执行我国《民用建筑供热计量管理办法》，制定供热单位选型、购置、维护管理供热计量器具的实施细则。符合供热计量条件的建筑，供热单位必须实行供热计量收费，并负责供热计量器具的日常维护。

三　大型公共建筑节能的五大保障体系

大型公共建筑节能需要在政府监管下通过价格杠杆和能耗评估来实现，具体来说需要五大系统来支持，即大型公共建筑能耗统计系统、能源审计系统、能耗限额标准、阶梯能源价格和公众监督系统。

（一）能耗统计系统

建筑能耗统计是推动建筑节能最为基础的工作。建议加快研究建筑物能源消费统计指标体系，探索建立符合国际惯例、适应中国国情可操作的建筑物能耗统计体，并尽快纳入我国的能源统计工作范围。同时，出台关于建筑能耗计量的管理政策。

由当地建筑主管部门负责收集和记录大型公共建筑运行中的能耗数据，包括建筑的热水系统、暖通空调系统、照明系统的能耗情况。

（二）能源审计系统

能源审计是在建筑能耗统计的基础上，诊断建筑用能系统和运行管理存在的问题，有利于建筑合理的用能管理，也是大型公共建筑节能改造的前期工作。目前，要鼓励大型公共建筑的所有者或业主进行建筑能源审计，在此基础上，对超过用能定额的大型公共建筑业主实行累进加价制度。

（三）能耗限额标准

为提高大型公共建筑能源管理水平，要确定大型公共建筑能源消耗水平的合理性，就需要进行大型公共建筑能源消耗限额标准的确定。其主要内容是：对大型公共建筑中能源消耗水平、使用效率进行客观考察和定量分析，通过能耗审计与统计分析、用电分项计量、模拟分析等手段，发现用能不合理现象和节能潜力，设定通过低成本/无成本改造可以实现的节能目标，以此作为大型公共建筑能源消耗限额标准，也是作为能源审计的依据。

（四）实行阶梯能源价格

开展大型公共建筑能耗定额管理和实行阶梯能源价格的试点工作，通过具体实施定额管理和阶梯能源价格，发现存在的问题，及时总结经验，不断完善能耗定额确定方法，调整阶梯能源价格的力度，尽快构建适合市场经济体制的大型公共建筑节能激励机制。

（五）公众监督系统

对大型公共建筑实行强制性的能效测评和标识制度，并按照国家有关规定将测评结果予以公示，接受社会监督。

四　支持节能服务公司发展

政府应大力支持采取"合同能源管理"模式的节能服务公司实施大型公共建筑节能项目。节能服务公司市场化的运行方式非常适合大型公共建筑节能工作，一方面节能服务公司利用自身的技术、信息和融资等优势帮助大型公建诊断能源使用状况，另一方面也有利于其自身规模的不断扩大。因此，政府尽可能为节能服务公司提供较好的市场环境，使之不断提高节能服务公司在开展大型公共建筑能源诊断、节能技术咨询、节能融资等方面的能力；另一方面建议尽快出台鼓励节能服务公司实施大型公共建筑节能项目的财税优惠政策和节能融资政策，并积极支持节能服务公司探索符合中国国情的大型公共建筑节能服务模式。

致我国建筑节能政策供给不能满足政策需求的主要原因。政策供给数量不足、政策体系失衡指的是经济激励政策的缺失和独立的第三方机制的缺失，原因在于：我国市场经济体系不完善，以税收和贷款为主要形式的经济激励政策面临约束；独立的第三方评价机构和自愿性协议类政策工具需要以完善的社会信用体系为基础，我国目前还不具备这一条件。政策执行不力的原因包括：法律缺乏强制力、监测机制不完善、地方政府执行不足等体制机制问题。这些因素需要在政策设计时予以考虑。

（4）我国建筑节能政策设计应遵循政策需求与供给均衡、成本收益有效性、统筹兼顾各主体利益和政策系统总体协调四个原则。这四个原则可用于指导新建建筑节能政策设计和既有建筑节能改造政策设计。我国建筑节能工作总目标，是在满足相同的室内环境舒适性要求的前提下，以最低成本降低单位面积的建筑物终端能耗。以此为目标进行政策工具选择和实施机制的安排。另外，建筑节能政策不能孤立存在并发挥作用，能源价格改革、节能服务体系、能效标识体系、建筑能耗统计系统是建筑节能支持体系，支持系统的快速发展可极大提高建筑节能政策实施效果。

（5）新建建筑节能产业链上各利益相关者互动关系是政策设计的基础。目标责任制是中央政府督促地方政府积极推动建筑节能活动的有效政策手段，但仅仅依靠目标责任制恐怕难以解决建筑节能困境。从长期看，政策设计要将经济手段、法律手段与行政手段相结合，以更好地发挥作用，同时通过建设公民社会为政策的执行提供良好环境。开发商与消费者之间是成本和收益共担的关系，通过能效标识、节能建筑评级等政策手段，解决建筑节能市场存在的信息不对称问题，防止不诚实的卖方把低节能建筑当作高节能建筑在市场上出售，影响消费者预期，消费者最终将成为节能建筑的最大受益者和主要的支持者。设计机构虽然既不直接参与节能建筑价值的分享，也不具备政府的管理职能，但他们却是节能建筑经济价值与环境价值规律的主要研究者，也是将这些规律用于建筑设计的直接实践者。

（6）政策设计以利益相关主体个人目标与社会目标的差异为切入

第九章

结论与建议

综合上述分析，本研究得出的结论以及对我国建筑节能发展的政策建议如下：

（1）我国建筑节能领域的微观经济主体有着强烈的政策需求。我国正处在加快经济发展方式转变和城镇化水平迅速提高的阶段，建筑能耗将大幅提高，但我国节能潜力很大，建筑节能对于我国低碳转型的实现十分重要，对于政策的需求也十分紧迫。

房地产开发企业和消费者作为建筑节能领域最有代表性的微观经济主体，均有强烈的政策需求，要实现建筑节能的社会目标，就必须通过政策设计充分调动微观经济主体的主动性。我国经济社会发展战略已经预告了建筑节能未来的获利机会，在一定程度上改变着开发企业和消费者的预期，而正外部性、信息不对称和体制政策障碍等问题的存在，是微观主体对建筑节能政策产生需求的本质原因。

（2）我国建筑节能政策体系以强制性政策为主，缺少经济激励性政策。我国的建筑节能政策体系由行政法规、部门规章、规范性文件、标准、规划和地方性政策组成，国家节能政策、建筑政策、材料和技术政策中也有与建筑节能相关部分，共同构成了我国建筑节能政策体系，很多政策对微观经济主体的行为选择产生决定性的影响。但从总体上看，大部分政策属于强制性政策，更有利于激发微观经济主体积极性和主动性的激励性政策和自愿性政策只占很小比例，这与我国建筑节能工作开展时间尚短有关系，但随着建筑节能市场转型的逐步推进，需要更加丰富和完善激励性政策，帮助市场尽快完成转型。

（3）我国建筑节能政策体系结构失衡和政策得不到有效执行是导

点。新建建筑节能的社会目标是以低成本实现单位面积建筑物终端能耗降低的目的。要实现这一目标需要做两个方面的努力，首先要保证所有新建建筑物都符合国家强制性节能标准（节能50%或65%），其次要给提供和购买更高能效水平（节能高于65%）、较低增量成本建筑的微观经济主体鼓励，以帮助实现市场转型。这样的目标和努力是符合社会大多数人利益的，从社会公平性角度讲，保障大多数人都能享受到节能建筑带来的经济效益和环境效益等。

（7）体制障碍是既有建筑节能改造工作难以开展的重要原因。供热计量推行最大的阻力来自于供热企业，供热企业短期利益因供热计量改革而受损，才是计量收费推进困难的根本原因。另外，地方进行热改的初衷是为了解决供热费收缴难的问题，因此，在进行改造的过程中并没有将降低建筑能耗，提高居民居住舒适度并节约费用作为改造目标，甚至没有执行安装分户分楼计量设备，这种只以眼前利益为目标的改造方式，为以后的工作留下了更多的难题，多年后还要重复改造。

（8）唐山示范项目实践证明微观经济主体个人利益最大化的目标与政府代表的社会目标一致性是完全有可能实现的。项目从前期准备工作，包括对建筑能耗和性能的测试和对居民态度调查，到成立指导工作组，再到技术方案的选择、融资渠道确定、工程完成后效果评估等，每一个环节都充分考虑各个利益相关者的利益诉求，通过政府、企业、居民委员会等各方协调与合作，使得这些利益诉求在示范工程中尽量得到满足。

本书提出了新建建筑节能和既有建筑节能改造这两大建筑节能重要领域的政策设计思路和内容，相关政策设计如下：

新建建筑节能

（1）继续加强强制性节能标准的执行监管。坚持对新建建筑节能标准执行情况进行专项检查，检查范围应由特大城市和大城市扩大到中、小城市；坚持要把节能性能作为建筑质量验收最重要的指标之一。

（2）"十二五"期间加强对建筑节能经济激励性政策的试点工

作。建立针对开发企业、建设单位、消费者的税收优惠、贷款优惠政策，并完善建筑节能专项资金和政府采购制度。

（3）完善建筑节能产业链。逐步建立建筑节能材料、建筑节能技术国家标准。国家建设主管部门、节能主管部门、科技部门会同标准制定机构分步骤制定建筑节能材料和技术相关标准。首先对主流技术和重点技术制定统一的能效标准；对市场出现的新的集成设备或技术的研发、应用和推广提供政策引导，出台指导性的技术政策。

（4）将住宅产业化作为国家建筑节能工作的中长期目标。住宅产业化是发展节能建筑的重要路径，只有从根本上改变建筑"制造"方式的随意性，才能最终实现建筑节能和绿色的目标。先从试点城市开始，加强住宅产业化联盟，政府给予优惠政策，鼓励有实力、有住宅产业化实践的开发商业先行试点。

既有建筑节能改造

（1）既有建筑节能改造责任主体和资金筹措渠道。按照政府、居民、节能服务公司、供热公司等每个投资方的收益，进行合理融资。在既有建筑节能改造市场还不完善的情况下，应推行以政府为主导的投融资模式。通过对节省的能源费用合理分配，鼓励社会资本进入既有建筑节能改造领域，鼓励供热企业、建筑节能材料和部品企业、供热计量产品企业、节能服务公司等既有建筑节能改造市场上重要的微观经济主体主动参与。

（2）推行按用热量计量收费。在"十二五"期间，供热计量改革的重点应是大力推行按用热量计价收费，坚持供热计量改造与按用热量计价收费同步进行。各地方政府要制定"十二五"期间供热计量收费的具体方案，颁布相关政策。可以按照国家规定，实施两部制热价，即按面积收费的固定费用和按热量收费的可变费用，其中可设定固定费用比按30%执行，以调动用户积极性。也可以根据当地实际情况，酌情设置固定费用比。将供热计量改革工作情况作为建筑节能专项检查的重点。

（3）建立大型公共建筑节能的五大保障体系。大型公共建筑节能需要在政府监管下通过价格杠杆和能耗评估来实现，具体来说需要五大系统来支持，即大型公共建筑能耗统计系统、能源审计系统、能源限额标准、阶梯能源价格和公众监督系统。

（4）支持节能服务公司发展。尽快出台鼓励节能服务公司实施大型公共建筑节能项目的财税优惠政策和节能融资政策，并积极支持节能服务公司探索符合中国国情的大型公共建筑节能服务模式。

参考文献

ACEEE, 2005. A Choice of Two Paths: Energy Savings from Pending Federal Energy Legislation, American Council for an Energy-Efficient Economy, April.

ASHRAE. 1989. ASHRAE Standard 90. 1-1989. American Society of Heating Refrigerating and Air-Conditioning Engineers (ASHRAE), Atlanta, USA.

Boardman, B., 2004. New directions for household energy efficiency: evidence from the UK. Energy Policy 32, 1921—1933.

Brown, M. A. 2001. "Market Failures and Barriers as a Basis for Clean Energy Policies." Energy Policy 29 (14): 1197—1207.

Brown, M. A., Southworth, F. and Stovall, T. K. 2005. Towards a Climate-Friendly Built Environment, Oak Ridge National Laboratory, Prepared for the Pew Center on Global Climate Change.

California Energy Commission (CEC), 2003a. Proposed Energy Savings Goals for Energy Efficiency Programs in California. Staff Report 100-03-021. California Energy Commission, Sacramento.

California Energy Commission (CEC), 2003b. 2003 Integrated Energy Policy Report. California Energy Commission, Sacramento, CA http://www. energy. ca. gov/energypolicy. index. html.

Carter, S. 2001. 'Breaking the Consumption Habit: Ratemaking for Efficient Resource Decisions. ' The Electricity Journal. Dec., pp. 66—74.

CEE, 2005. National Awareness of Energy Star. Analysis of CEE Household Survey, http://www. energystar. gov/ia/news/downloads/E-

STAR03 Awareness. pdf

Cowart, R. , 2001. Efficient Reliability: The Critical Role of De-mand-Side Management Resources in Power Systems Markets. Regulatory Assistance Project, Montpelier, VT.

DeCanio, S. J. 1993. "Barriers within firms to energy-efficient invest-ments." Energy Policy 21 (9): 906—914.

DOE, 2000. Clean Energy Partnerships: A Decade of Success. DOE/EE-0213. U. S. Office of Energy Efficiency and Renewable Energy, Depart-ment of Energy, Washington, DC.

ECOFYS, 2007. Success and Failure in Energy Efficiency Policies: Ex-Post Evaluation of 20 Instruments to Improve Energy Efficiency Across Europe, Report prepared within the framework of the AID-EE project. The Netherlands. www. aid-ee. org

Geller, H. 2003. Energy Revolution: Policies for a Sustainable Future. Washington, DC: Island Press.

Geller, H. , Nadel, S. , 1994. Market transformation strategies to promote end-use efficiency. Annual Review of Energy and the Environment 19, 301—346.

Greene, D. L. and A. Schafer. 2003. Reducing Greenhouse Gas Emis-sions for U. S. Transportation. Arlington, VA: Pew Center on Global Cli-mate Change.

Greif, Avner. 1993, 'Contract Enforceability and Economic Institu-tions in Early Trade: The Maghribi Traders'Coalition', American Economic Review, 83 (3), pp. 525—48.

Greif, Avner. 2006, Institutions and the Path to the Modern Econo-my: Lessons from Medieval Trade, London: Cambridge University.

Hurwicz, Leonid, 1973, 'The Design of Mechanisms for Resource Allocation", American Economic Review, Papers and Proceedings, 63 (2), pp. 1—30.

Interlaboratory Working Group, 2000. Scenarios for a Clean Energy

Future. ORNL/CON-476 and LBNL-44029. Oak Ridge National Laboratory, Oak Ridge, TN, and Lawrence Berkeley National Laboratory, Berkeley, CA, http: //www. ornl. gov/sci/eere/cef/index. htm.

International Energy Agency (IEA), 1997. Energy Efficiency Initiative. Vol. 2: Country profiles and Case Studies. Paris: International Energy Agency.

Klessmann, C., Graus, W., Harmelink, M. and Geurts, F. 2007. Making Energy-Efficiency Happen: From Potential to Reality: An Assessment of Policies and Measures in G8 plus 5 Countries, with Recommendations for Decision Makers at National and International Level. Commissioned by WWF International. Ecofys International BV, Utrecht, The Netherlands.

Koomey, J. G., Webber, C. A., Atkinson, C. S. and Nicholls, A. 2001. 'Addressing energy-related challenges for the US buildings sector: results from the clean energy futures study', Energy Policy 29: 1209—1221.

Liang, J. et al. 2007. An investigation of the existing situation and trends in building energy efficiency management in China, in: Energy and Buildings 39 (10), 1098—1106.

Lin, J. 2007. Energy conservation investments: a comparison between China and the US, in: Energy Policy 35 (2), 916—924.

Lindbeck, A. 2006. Economic reforms and social change in China, Washington, DC: World Bank (World Bank Policy Research Paper WPS 4057)

Lo, S. M. / C. M. Zhao / W. Y. Cheng. 2006. Perceptions of building professionals on sustainable development: a comparative study between Hong Kong and Shenyang, in: Energy and Buildings 38 (11), 1327—1334.

Loper, J. Ungar, L., Weitz, D. and Misuriello, H. 2005. Building on Success: Policies to Reduce Energy Waste in Buildings. Alliance to Save

Energy.

Maskin, E., 1999. 'Nash Equilibrium and Welfare Optimality', Review of Economic Studies, 66 (1), pp. 23—38.

Myerson, Roger B., 1979. 'Incentive Compatibility and the Bargaining Problem', Econometrica, 47 (1), pp. 61—73.

Nadel, S. 2005. The Federal Energy Policy Act of 2005 and its Implications for Energy Efficiency Program Efforts. Report Number E053, American Council for an Energy-Efficient Economy. Washington, D. C.

Nadel, S., Baden, S., Gray, E., Hewitt, D., Kleisch, J., Langer, T., Misuriello, H., Shipley, A. M. 2006. Transforming Markets by Combining Federal Tax Credits with Complementary Initiatives. Report Number E066, Prepared by the Tax Incentives Assistance Project by American Council for an Energy-Efficient Economy.

Neij, L., 2001. Methods of evaluating market transformation programs: experience in Sweden. Energy Policy 29, 67—79.

Sutherland, Ronald J. Market Barriers to Energy - efficient Investments. Energy Journal, 1991, 12 (3): 15—34.

US EPA, 2003. ENERGY STAR and Other Voluntary Programs, The US Environmental Protection Agency.

Yao, R. Energy policy and standard for built environment in China, 2005. Renewable Energy 30 (2005) 1973—1988.

阿维纳什·迪克西特:《经济政策的制定:交易成本政治学的视角》,中国人民大学出版社 2004 年版。

埃莉诺·奥斯特罗姆:《公共事物治理之道》,于逊达译,上海三联书店 2000 年版。

埃莉诺·奥斯特罗姆等:《美国的地方政府》,井敏译,北京大学出版社 2004 年版。

奥尔巴克·费尔德斯坦:《公共经济学手册》,匡小平,黄毅译,经济科学出版社 2005 年版。

保罗·萨巴蒂尔:《政策过程理论》,彭宗超、钟开斌等译,三联书店 2004 年版。

伯特尼、史蒂文斯：《环境保护的公共政策》，上海三联书店、上海人民出版社 2003 年版。

布赖恩爱德华兹：《可持续建筑》，周玉鹏、宋晔皓译，中国建筑工业出版社 2003 年第二版。

陈超、渡边俊行、谢光亚、于航：《日本的建筑节能观念与政策》，《暖通空调》2002 年第 32（6）期。

陈天祥：《中国地方政府制度创新的利弊分析》，《天津社会科学》2002 年第 2 期。

陈天祥：《论中国制度变迁的方式》，《中山大学学报》（社科版）2001 年第 3 期。

仇保兴：《发展节能绿色建筑　推进住宅产业健康发展——2005年中国绿色建筑生态住宅与房地产循环经济论坛大会的发言》。

仇保兴：《发展节能与绿色建筑刻不容缓》，《中国经济周刊》2005 年第 9 期。

戴维·L. 韦默主编：《制度设计》，费方域、朱宝钦译，上海财经大学出版社 2004 年版。

丹尼尔·W. 布罗姆利著：《经济利益与经济制度》，陈郁等译，上海三联书店、上海人民出版社 1996 年版。

丹尼尔·布罗姆利：《经济利益与经济制度——公共政策的理论基础》，上海三联书店 2006 年版。

丹尼斯·C. 缪勒：《公共选择理论》，杨春学等译，中国社会科学出版社 1999 年版。

杜朝运：《论制度经济学派制度变迁思想的变迁》，《经济评论》2001 年第 5 期。

范里安：《微观经济学》，经济科学出版社 2001 年版。

冯波：《住宅产业化：国外的成功经验和我国的对策》，《上海企业》2006 年第 1 期。

高世宪、渠时远、耿志成：《能源战略和政策的回顾与评估》，《经济研究参考》2004 年第 83 期。

高世宪:《日本能源领域新举措及对我国的启示》,《中国能源》2003 年第 4 期。

国家发改委能源研究所:《中国大型公共建筑节能管理政策研究》,《中国可持续能源项目》(2007)。

韩丽:《中国立法过程中的非正式规则》,《战略与管理》2001 年第 5 期。

郝林:《解构未来——英国绿色建筑专辑》,《世界建筑》2004 年第 8 期。

郝铁川:《我国国民经济和社会发展规划具有法律约束力吗?"中央与地方关系的法治化"国际学术研讨会论文集》,北京大学,2007 年。

洪雯等:《建筑节能:绿色建筑对亚洲未来发展的重要性》,中国大百科全书出版社 2008 年版。

黄少坚:《节约型企业激励与约束机制研究》,中国海洋大学博士学位论文,2008 年。

江亿、薛志峰:《北京市建筑用能现状与节能途径分析》,《暖通空调》2004 年第 34(10)期。

江亿等:《中国建筑节能年度发展研究报告 2007》,中国建筑工业出版社。

金占勇、武涌、刘长滨:《基于外部性分析的北方供暖地区既有居住建筑节能改造经济激励政策设计》,《暖通空调》2007 年第 37(9)期。

靳涛:《从中国经济转型的实践重新理解制度与制度变迁的内涵》,《江淮论坛》2002 年第 5 期。

康艳兵:《建筑节能政策导读》,中国建筑工业出版社 2009 年版。

柯武刚、史漫飞:《制度经济学》,商务印书馆 2002 年版。

李德智、李启明、徐星、孙雍容:《房地产开发生态效率模型构建及实证分析》,《建筑经济》2009 年第 6 期。

李华东、鲁英男、陈慧、鲁英灿:《高技术生态建筑》,天津大学出版社 2002 年版。

李建德：《经济制度演进大纲》，中国财政经济出版社 2000 年版。

李军林：《制度变迁的路径分析——一种博弈理论框架及其应用》，经济科学出版社 2002 年版。

李省龙：《论马克思关于制度的一般理论》，《中国人民大学学报》2003 年第 2 期。

李峥嵘、于稚泽、黄俊鹏：《浅析建筑节能政策》，《能源政策研究》2004 年第 2 期。

李忠富：《住宅产业化论——住宅产业化的经济、技术与管理》，科学出版社 2003 年版。

连玉君：《人力资本要素对地区经济增长差异的作用机制》，《财经科学》2003 年第 5 期。

林伯强：《合同能源管理在中国的两个障碍》，《国际金融报》2007 年 8 月 8 日。

林红玲：《西方制度变迁理论述评》，《社会科学辑刊》2001 年第 1 期。

林毅夫：《诱致性制度变迁与强制性制度变迁》，《卡托杂志》1989 年春季号。

林毅夫：《制度、技术与中国农业发展》，上海三联书店、上海人民出版社 1994 年版。

刘世锦：《经济体制分析导论》，上海三联书店、上海人民出版社 1994 年版。

刘文成：《企业年金管理过程中的行为控制研究》，西北大学学位论文，2006 年。

刘晓等：《供应商选择模型与方法综述》，《中国管理科学》2004 年第 12（1）期。

龙惟定、白玮、马素贞、范蕊：《我国建筑节能现状分析》，《建筑科学》2008 年第 10 期。

卢求、刘飞：《建筑生态节能的宏观策略与实施技术体系》，见：邹经宇、许溶烈、金德钧编《第五届中国城市住宅研讨会论文集——城市化进程的人居环境和住宅建设：可持续发展和建筑节能》，中国建筑工业出版社 2005 年版。

吕石磊、武涌：《北方采暖地区既有居住建筑节能改造工作的目标识别和障碍分析》，《暖通空调》2007 年第 9 期。

马宏伟：《经济发展与制度创新》，《经济评论》2003 年第 1 期。

培顿·扬：《个人策略与社会结构》，上海三联书店 2004 年版。

清华大学建筑节能研究中心：《中国建筑节能年度发展研究报告 2007》，中国建筑工业出版社。

盛洪：《现代制度经济学》，中国发展出版社 2009 年版。

盛昭瀚、蒋德鹏：《演化经济学》，上海三联书店 2002 年版。

石树琴：《信号传递和信息甄别模型浅析及其应用》，《复旦学报》（自然科学版）2003 年第 42（2）期。

史晋川、金祥荣等著：《制度变迁与经济发展：温州模式研究》，浙江大学出版社 2002 年版。

斯蒂格利茨：《正式和非正式制度》，《经济社会体制比较》2003 年第 1 期。

孙金颖、刘长滨、西宝、肖刚：《中国建筑节能市场投融资环境分析》，《土木工程学报》2007 年第 40（12）期。

孙久文、叶裕民编著：《区域经济学教程》，中国人民大学出版社 2003 年版。

汤敏、茅于轼：《现代经济学前沿》，商务印书馆 2002 年版。

唐寿宁：《均衡的实现与制度规则的贯彻》，《经济研究》1993 年第 3 期。

陶建群：《能源危机与高能耗之困》，《时代潮》2005 年第 19 期。

涂逢祥、王庆一：《建筑节能：中国节能战略之重》，《建筑科技》2004 年第 5 期。

汪丁丁：《制度分析基础讲义》，上海世纪出版集团、上海人民出版社 2005 年版。

王刚：《住宅产业化之经济分析》，《深圳大学学报》（人文社科版）2003 年第 1 期。

王国平：《资源配置效率与经济制度结构》，《学术月刊》2001 年第 2 期。

　　王京：《绿色物语：建筑节能曲高和寡，绿色建筑还有多远》，《人民网》2005 年。

　　王李平等：《我国合同能源管理机制实施现状分析及对策研究》，《电力需求侧管理》2008 年第 10 （1） 期。

　　王庆一：《美国建筑节能经验》，《节能与环保》2004 年第 12 期。

　　王树茂：《合同能源管理在我国的发展和存在的问题》，《中国能源》2008 年第 30 （2） 期。

　　王素霞：《美国、德国如何实现建筑节能》，《山西能源与节能》2006 年第 3 期。

　　王新春：《借鉴国外先进标准法规，降低建筑围护结构能耗》，《中国建材》2006 年第 9 期。

　　韦布、里基茨：《能源经济学》，西南财经大学出版社 1987 年版。

　　吴素华：《发电侧电力市场秩序监管与评价研究》，华北电力大学学位论文，2008 年。

　　武涌等：《中国建筑节能管理制度创新研究》，中国建筑工业出版社 2007 年版。

　　夏光：《环境政策创新》，中国环境科学出版社 2001 年版。

　　谢仲华、龙惟定：《建筑采暖空调能耗与节能潜力分析》，《能源技术》2002 年第 3 期。

　　熊德义：《中国经济增长的制度因素分析》，中共中央党校学位论文，2007 年。

　　薛志峰：《大型公共建筑节能研究》，清华大学博士学位论文，2005 年。

　　阎长乐：《中国能源发展报告》，经济管理出版社 1997 年版。

　　杨瑞龙：《论制度供给》，《经济研究》1993 年第 8 期。

　　杨瑞龙：《面对制度之规》，中国发展出版社 2000 年版。

　　杨瑞龙：《我国制度变迁方式转换的三阶段论》，《经济研究》1998 年第 1 期。

　　尹波：《建筑能效标识管理研究》，博士学位论文，天津大学，

2006 年。

俞宪忠:《制度现代化解构》,《天津社会科学》2002 年第 5 期。

约翰·康芒斯:《制度经济学》,华夏出版社 2009 年版。

张琦:《北京市建筑节能规划管理研究》,天津大学学位论文,2007 年。

张维迎:《博弈论与信息经济学》,上海三联书店、上海人民出版社 2002 年版。

张旭昆:《制度的定义与分类》,《浙江社会科学》2002 年第 11 期。

张轶:《中外建筑节能情况对比》,《节能与环保》2005 年第 25 (4) 期。

长谷川启之、梁小民、刘更朝:《经济政策的理论基础》,中国计划出版社 1995 年版。

郑慧:《需求诱致型制度变迁与中国的制度转型》,《求索》2001 年第 5 期。

郑娟尔:《我国建筑节能的现状、潜力与政策设计研究》,《中国软科学》2005 年第 173 (5) 期。

《中国能源发展报告》编辑委员会:《2003 中国能源发展报告》,中国计量出版社 2003 年版。

周黎安:《晋升博弈中政府官员的激励与合作——兼论我国地方保护主义和重复建设问题长期存在的原因》,《经济研究》2004 年第 6 期。

周业安:《关于当前中国新制度经济学研究的反思》,《经济研究》2001 年第 7 期。

朱霖:《国外节能服务公司的发展概况》,《电力需求侧管理》2003 年第 5 (1) 期。